COLLECTION

Victorien Sardou

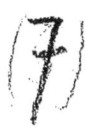

Estampes anciennes

COLLECTION

VICTORIEN SARDOU

Collection VICTORIEN SARDOU

OBJETS D'ART & D'AMEUBLEMENT

TABLEAUX ANCIENS

Aquarelles — Dessins — Gouaches — Pastels

Carte d'Entrée à l'Exposition Particulière

GALERIE GEORGES PETIT, 8, RUE DE SÈZE

Le Dimanche 25 Avril 1909, de 1 heure 1/2 à 6 heures

COMMISSAIRES-PRISEURS

M⁰ F. LAIR-DUBREUIL | M⁰ HENRI BAUDOIN

EXPERTS

Pour les Tableaux :

M. GEORGES SORTAIS | M. JULES FÉRAL

Pour les Objets d'Art :

MM. MANNHEIM | MM. PAULME et B. LASQUIN Fils

Collections de M. VICTORIEN SARDOU

ESTAMPES ANCIENNES

DES ÉCOLES FRANÇAISE & ANGLAISE DU XVIIIe SIÈCLE

IMPRIMÉES EN NOIR ET EN COULEURS

Costumes — Caricatures — Scènes de mœurs — Portraits et Pièces historiques
de la Révolution, du Consulat et de l'Empire — Pièces de théâtre
Vues de Paris, etc.

Vente à Paris, HOTEL DROUOT, Salle N° 11

Les 5, 6, 7 et 8 Mai 1909. — Exposition : le 4 Mai 1909

COMMISSAIRES-PRISEURS

Me F. LAIR-DUBREUIL	Me HENRI BAUDOIN
6, rue Favart, 6	Successeur de Me PAUL CHEVALLIER
PARIS	10, rue Grange-Batelière, 10

EXPERT : **M. DANLOS**, 15, quai Voltaire.

BIBLIOTHÈQUE

(PREMIÈRE PARTIE)

LIVRES ANCIENS

RARES & PRÉCIEUX

Livres illustrés du XVIIIe siècle — Recueils de costumes
Livres avec armoiries

Vente à Paris, HOTEL DROUOT, Salle N° 7

Les 25, 26 et 27 Mai 1909. — Exposition : le 24 Mai 1909

COMMISSAIRES-PRISEURS

Me F. LAIR-DUBREUIL	Me HENRI BAUDOIN
6, rue Favart, 6	Successeur de Me PAUL CHEVALLIER
PARIS	10, rue Grange-Batelière, 10

EXPERT : **M. H. LECLERC, Libraire**, 219, rue Saint-Honoré.

CATALOGUE

DES

ESTAMPES ANCIENNES

DES

ÉCOLES ANGLAISE ET FRANÇAISE DU XVIIIe SIÈCLE

IMPRIMÉES EN NOIR ET EN COULEURS

CARICATURES - COSTUMES - SCÈNES DE MŒURS

PORTRAITS ET PIÈCES HISTORIQUES

principalement des Époques de

LOUIS XVI ET DE LA RÉVOLUTION, DU CONSULAT ET DE L'EMPIRE

PIÈCES SUR LE THÉATRE

VUES DE PARIS, DE LA PROVINCE ET DE L'ÉTRANGER

DONT LA VENTE APRÈS LE DÉCÈS

DE M. VICTORIEN SARDOU

AURA LIEU A PARIS

HOTEL DES COMMISSAIRES-PRISEURS, RUE DROUOT, N° 9

SALLE N° 11

Les Mercredi 5, Jeudi 6, Vendredi 7 et Samedi 8 Mai 1909

A 2 HEURES TRÈS PRÉCISES

COMMISSAIRES-PRISEURS

Me LAIR-DUBREUIL
6, rue Favart, 6
PARIS

Me HENRI BAUDOIN
Successeur de Me PAUL CHEVALIER
10, rue Grange-Batelière, 10

EXPERT

M. A. DANLOS, 15, Quai Voltaire

EXPOSITION PUBLIQUE

Le Mardi 4 Mai 1909 de 2 heures à 5 heures

CATALOGUE

DES

ESTAMPES ANCIENNES

DES

ÉCOLES ANGLAISE ET FRANÇAISE DU XVIIIe SIÈCLE

IMPRIMÉES EN NOIR ET EN COULEURS

CARICATURES - COSTUMES - SCÈNES DE MŒURS

PORTRAITS ET PIÈCES HISTORIQUES

principalement des Époques de

LOUIS XVI ET DE LA RÉVOLUTION, DU CONSULAT ET DE L'EMPIRE

PIÈCES SUR LE THÉATRE

VUES DE PARIS, DE LA PROVINCE ET DE L'ÉTRANGER

DONT LA VENTE APRÈS LE DÉCÈS

DE M. VICTORIEN SARDOU

AURA LIEU A PARIS

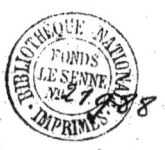

HOTEL DES COMMISSAIRES-PRISEURS, RUE DROUOT, N° 9

SALLE N° 11

Les Mercredi 5, Jeudi 6, Vendredi 7 et Samedi 8 Mai 1909

A 2 HEURES TRÈS PRÉCISES

COMMISSAIRES-PRISEURS

Mᵉ LAIR-DUBREUIL	Mᵉ HENRI BAUDOIN
6, rue Favart, 6	Successeur de Mᵉ PAUL CHEVALIER
PARIS	10, rue Grange-Batelière, 10

EXPERT

M. A. DANLOS, 15, Quai Voltaire

EXPOSITION PUBLIQUE

Le Mardi 4 Mai 1909 de 2 heures à 5 heures

CONDITIONS DE VENTE

Elle sera faite au comptant.

Les acquéreurs paieront 10 p. 100 en sus des prix d'adjudication.

M. Danlos se réserve la faculté de rassembler ou de diviser les lots.

La collection sera exposée, 15, Quai Voltaire, du Lundi 26 Avril au Samedi 1ᵉʳ Mai inclusivement.

ORDRE DES VACATIONS

Mercredi 5 Mai...........	Nᵒˢ	1-205
Jeudi 6 —...........	—	206-420
Vendredi 7 —...........	—	421-623
Samedi 8 —...........	—	624-815

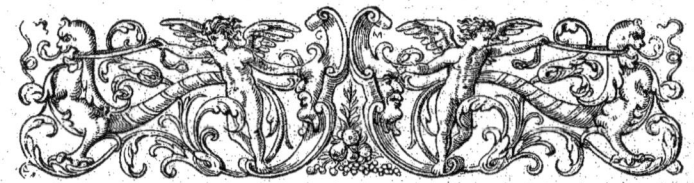

ANSELL (D'après Ch.)

1. A l'Anglaise or the English Fireside. — A la Française or the French Fireside.

    Deux médaillons ovales, faisant pendants, gravés par P. W. Tomkins, 1787.
    Très belles épreuves imprimées en bistre.

2. Dressing Room à l'Anglaise. — Dressing Room à la Française.

    Deux médaillons ovales, faisant pendants, gravés par Tomkins, 1789.
    Très belles épreuves imprimées en bistre.

BALLONS (Pièces sur les)

3. Globe aérostatique de Mrs Charles et Robert, le 1er décembre 1773. — Le moment d'hilarité universelle. — Expérience aérostatique faite à Versailles le 19 septembre 1783. — Mgr le Duc de Chartres et Mgr le Duc de Fitz-James dans la prairie de Nesles. — Les deux Midas, etc. 10 pièces par Moreau, Sergent et autres artistes.

    Très belles épreuves noires et coloriées.

4. Apparition du Globe aérostatique de M. Blanchard entre Calais et Boulogne le 7 janvier 1785. — La Tour de Calais. — La Minerve. — Aux amateurs de physique. — La quatorzième expérience aérostatique de M. Blanchard. — Les Jacobins allant révolutionner la lune en Ballons, etc. 9 pièces.

    Belles épreuves noires et coloriées.

5. *The three aerials travellers* : Vincent Lunardi, esq., Georges Riggin esq. et Mme Lesage; gravé par Bartolozzi d'après Rigaud. Petit in-f°.

> Très belle et rare épreuve, avant la lettre, imprimée en bistre. Sans marge.

BARBIERS (D'après P.)

6. Auditoire et salle de concert dans l'édifice de la Société Félix Méritis à Amsterdam. — Une vente de tableaux à Amsterdam. 3 pièces par Vinkeles.

> Très belles épreuves avant et avec la lettre.

BAUDOUIN (D'après P. A.)

7. Le Carquois épuisé, par N. de Launay (E. B. 11).

> Très belle et rare épreuve avant toutes lettres et avant les changements faits depuis dans la bordure.

8. Le Catéchisme. — Le Confessionnal, par P. E. Moitte (12 et 15).

> Deux pièces faisant pendants.
> Très belles épreuves ayant toutes leurs marges.

9. Le Chemin de la fortune, par Voyez l'aîné (14).

> Superbe épreuve ayant une grande marge.

10. Le Coucher de la mariée, gravé à l'eau-forte par J. M. Moreau, terminé par J. B. Simonet (16).

> Très belle épreuve.

11. Le Danger du tête à tête, par Simonet (18).

> Très belle épreuve ayant toute sa marge.

12. L'Enlèvement nocturne, par N. Ponce (20).

> Très belle épreuve.

13. L'Épouse indiscrète, par N. De Launay (21).

> Très belle épreuve avant les points dans les losanges, formés par les tailles sur le matelas, derrière la tête de la servante.

14. Le Fruit de l'amour secret, par Voyez junior (23).

> Superbe épreuve avant toutes lettres mais avec les armes.

15. Le Jardinier galant, par Helman (25).
>Très belle épreuve.

16. Marchez tout doux, parlez tout bas, par P. P. Choffard (30).
>Très belle épreuve.

17. Le Matin, par De Ghendt (32).
>Très belle épreuve avant toutes lettres, la tablette indiquée par un simple trait.

18. Le Midy, par De Ghendt (33).
>Très belle épreuve avant toutes lettres, la tablette indiquée par un simple trait.

19. La Nuit, par De Ghendt (35).
>Très belle épreuve avant toutes lettres, la tablette indiquée par un simple trait.

20. Qu'est là? par Bonnet (39).
>Belle épreuve imprimée en couleurs.

21. La Rencontre dangereuse, par Le Veau (40).
>Belle épreuve avant la lettre; a souffert.

22. La Sentinelle en défaut, par N. De Launay (44).
>Très belle épreuve ayant une très grande marge.

23. Le Soir, par De Ghendt (46).
>Très belle épreuve.

24. La Soirée des Tuileries, par Simonet (47).
>Belle épreuve.

BAUDOUIN et REGNAULT (D'après)

25. Le Bain. — Le Lever.
>Deux charmantes pièces, faisant pendants, gravées par Regnault.
>Très belles épreuves imprimées en couleurs. Remargées au trait carré et les titres refaits.

BEAUVARLET (J. F.)

26. Le Comte d'Artois debout, et Mademoiselle Clotilde, sa sœur, assise sur une chèvre, d'après Drouais. In-f°.

> Superbe épreuve avant toutes lettres et avant les armes. Très rare.

BERTHAULT (A Paris chez)

27. Les Chanteurs des Boulevards, petite pièce de forme ronde.

> Deux très belles épreuves, l'une est imprimée en bistre, l'autre en couleurs, cette dernière est remargée.

BESNARD

28. Intérieur d'Église.

> Deux très belles épreuves dont une, du 1er état, est avant la réduction de la planche.

BOILLY (D'après L. L.)

29. L'Amant favorisé, par Chaponnier.

> Très belle épreuve.

30. La même composition gravée en réduction par Alix, médaillon ovale in-18.

> Très belle épreuve imprimée en couleurs; piqûres d'humidité.

31. Le Prélude de Nina, par Chaponnier.

> Très belle épreuve en couleurs.

32. La Douce résistance, par Tresca.

> Très belle épreuve.

33. La Dispute de la Rose, par J. Eymar.

> Très belle épreuve avant la lettre.

34. La même estampe.

> Très belle épreuve imprimée en couleurs.

35. Ça ira, par Mathieu.

> Très belle épreuve avant toutes lettres.

36. L'Optique; grande pièce, en hauteur, gravée par F. Cazenave.
>La jeune femme, debout, est la seconde femme de Danton. Très belle épreuve en couleurs.

37. Suite de la douce impression de l'harmonie, par Wolff.
>Superbe épreuve imprimée en couleurs; légers raccommodages.

38. 1re scène de voleurs. — 2e scène de voleurs. 2 pièces, faisant pendants, gravées par Gror.
>Superbes épreuves imprimées en couleurs.

BOREL (D'après A.)

39. La Bascule. — Le Charlatan. 2 pièces, faisant pendants, gravées par Léveillé.
>Très belles épreuves imprimées en couleurs, mais sans marges, la bordure du Charlatan est refaite.

40. Le Paysan mécontent, par Moret.
>Très belle épreuve imprimée en couleurs.

41. L'Indiscret, par Dequevauviller.
>Très belle épreuve avec la première adresse, celle du graveur.

42. L'Innocence en danger. — Le voilà fait. 2 pièces, faisant pendants, gravées par P. Huot.
>Très belles épreuves avant les dédicaces. Grandes marges.

BOSSE (A.)

43. L'Enfant prodigue; suite de 6 pièces (D. 34-39).
>Très belles épreuves.

44. La Parabole du mauvais Riche et de Lazare; suite de 3 pièces (40-42).
>Très belles épreuves.

45. Les Vierges sages et les Vierges folles; suite de 7 pièces dont nous ne possédons que six, manque le n° 6 (43-49).
>Très belles épreuves.

46. Les OEuvres de miséricorde; suite de 7 pièces (50-56).
   Très belles épreuves du 1er état.

47. Les Sens; suite de 5 pièces (1071-1075).
   Très belles épreuves. Grandes marges.

48. Les Ages de l'homme; suite de 4 pièces (1078-1081).
   Superbes épreuves.

49. Les Saisons; suite de 4 pièces (1082-1085).
   Très belles épreuves du 1er état : avec l'adresse de Le Blond, laquelle fut, par la suite, remplacée par celle de Poilly. Grandes marges.

50. Les Éléments; suite de 4 pièces (1090-1093).
   Très belles épreuves.

51. L'Air. — La Terre, 2 pièces anonymes faisant pendants (1094-1095).
   Très belles épreuves.

52. « Les noms, surnoms, qualitez, armes et blasons des Chevaliers et officiers de l'ordre du Saint-Esprit »... Suite de 4 pièces dont nous ne possédons que trois (manque le titre) (1208-1210).
   Très belles épreuves.

53. « Cérémonie observée au contract de mariage passé à Fontainebleau, en présence de Leurs Majestés, entre Wladislaus IV..., et Louise-Marie de Gonzague, princesse de Mantoue et de Nevers..., le 25e jour de septembre 1645 » (1223).
   Très belle épreuve sans marge, l'inscription manque.

54. La Fortune de la France (1227).
   Très belle épreuve.

55. La Joye de la France (1226). — Les Forces de la France (1228). 2 pièces.
   Très belles épreuves.

56. L'Infirmerie de l'hôpital de la Charité à Paris (1266).
   Très belle épreuve.

57. La Galerie du Palais (1267).
>   Très belle épreuve. Rare.

58. L'Hôtel de Bourgogne (1268).
>   Très belle épreuve. Rare.

59. Le Mariage à la ville; suite de 6 pièces (1374-1379).
>   Très belles épreuves, les planches 4 et 5, les seules de la suite où il y ait des différences, sont du premier état.

60. Le Mariage à la campagne; suite de 3 pièces (1380).
>   Très belles épreuves avec marges, la planche 3, la seule de la suite où il y ait des différences, est du 1er état.

61. Le Mari qui bat sa femme. — La Femme qui bat son mari. 2 pièces faisant pendants (1383-1384).
>   Très belles épreuves.

62. Le Peintre, le Sculpteur, le Graveur et l'Imprimeur; suite de 4 pièces (1385-1388).
>   Très belles épreuves du 1er état.

63. Le Maître et la Maîtresse d'École. 2 pièces faisant pendants (1389-1390).
>   Très belles épreuves.

64. Les Métiers; suite de 7 pièces dont nous ne possédons que six, manque le clystère (1391-1397).
>   Très belles épreuves.

65. Les Femmes à table en l'absence de leurs maris (1399).
>   Très belle épreuve.

66. Le Bal (1400).
>   Très belle épreuve. Rare.

67. Louis XIII en prières. — La déroute et la confusion des Jansénistes. — L'Hercule Gaulois. — Les Vœux du roy et de la reyne à la Vierge. — La Bénédiction de la table. 5 pièces.
>   Très belles épreuves.

68. Lettre du capitaine extravagant à sa maîtresse. — Réponse

de la demoiselle à la lettre du capitaine extravagant.
— Costumes tirés de différentes suites. 23 pièces.

Très belles épreuves, les deux premières pièces sont sans le texte.

BRACQUEMOND (F.)

69. Faisans, Gypaete.

Quatre épreuves d'artiste et du 1er état.

BOUCHER (D'après F.)

70. Groupe de femmes nues, par Demarteau, n° 204.

Très belle épreuve tirée à la sanguine.

71. Femme nue jouant du chalumeau. — Naïades. 2 jolies pièces, faisant pendants, gravées aux trois crayons par Demarteau. N° 550 et 551.

Très belles épreuves.

72. Jupiter et Calisto, par Gaillard.

Très belle épreuve avant la lettre.

73. Pan et Syrinx, par Pitre Martenasie.

Très belle épreuve avant la lettre.

74. La Courtisane amoureuse, par De Larmessin.

Très belle épreuve ayant une très grande marge.

CARESMES (D'après Ph.)

75. La Bacchante enyvrée, par Janinet.

Très belle épreuve imprimée en couleurs. Sans marge.

76. L'Amant effrayé, par Phélypeaux.

Très belle épreuve imprimée en couleurs.

77. Les Amants satisfaits, par Phélypeaux.

Deux belles épreuves dont l'une est imprimée en couleurs.

78. Honny soit qui mal y pense. — Honny soit qui mal y voit. 2 pièces, faisant pendants, gravées par Hubert.

Très belles épreuves.

CARICATURES. SCÈNES DE MŒURS.

Pièces sur les Incroyables.

79. Les Croyables au Péron (Palais-Royal); gravé par Tresca d'après Boilly.
    Très belle épreuve en couleurs. Très grande marge.

80. Les Croyables au Péron. — La Folie du jour. 2 pièces, faisant pendants, gravées par Tresca d'après Boilly.
    Très belles épreuves.

81. Point de Convention. — Faites donc la paix. — Les Croyables au Péron. 3 pièces gravées par Tresca et Levilly, d'après Boilly.
    Très belles épreuves.

82. Les Croyables actifs du Palais ci-devant Royal. — Les Croyables au tripot. — Le Déjeuner. 3 pièces anonymes.
    Très belles épreuves. Rares

83. Les Incroyables, gravé par Darcis d'après C. Vernet.
    Très belle et rare épreuve imprimée en couleurs. Toute marge.

84. Les Incroyables. — Les Merveilleuses. — Ah! dis donc, ma lorgnette te fait peur. 3 pièces, les deux premières d'après C. Vernet.
    Très belles épreuves, les Merveilleuses sont sans marge.

85. La Rencontre des Merveilleuses. — la Rencontre des Incroyables. 2 pièces, faisant pendants, gravées d'après Bunbury.
    Très belles épreuves.

86. Les Payables.
    Très belle épreuve. Rare.

87. Promenade du Parvenu et du Rentier. — Café des Incroyables. 2 pièces anonymes signées des Initiales R. L. L. 1997.
    Très belles épreuves en couleurs. Rares.

88. Arrivée des Remplaçants. — Départ des Remplacés ou tableau de Paris et de la France en Floréal (avril 1797). 2 pièces faisant pendants.
> Très belles épreuves.

89. Arrivée des Remplaçants. — La Folie du Jour. — Aristide et Brise scellé. — Avant, Après. 4 pièces.
> Très belles épreuves, la dernière est coloriée.

90. Le Bal de Société, d'après Bosio.
> Très belle épreuve en couleurs. Doublée.

91. Bal de l'Opéra, d'après Bosio.
> Très belle épreuve en couleurs.

92. La Bouillotte, d'après Bosio.
> Très belle épreuve en couleurs.

93. La Lanterne magique, d'après Bosio.
> Très belle épreuve en couleurs.

94. Les Invisibles, d'après Bosio.
> Très belle épreuve en couleurs.

95. Ah! beaucoup vous critiquent! mais peu vous imitent; gravé à la manière du lavis par Marchand d'après Bosio.
> Très belle épreuve en couleurs.

96. Le Thé parisien, suprême bon ton au commencement du XIXe siècle. — Le Sérail Parisien ou le Bon Ton de 1802.
> 2 pièces, faisant pendants, gravées par Godefroy et Blanchard d'après Harriet et Naudet.
> Très belles épreuves tirées en bistre.

97. Le Thé Parisien, suprême bon ton au commencement du XIXe siècle; gravé par A. Godefroy d'après F. J. Harriet.
> Très belle épreuve en couleurs.

98. Le Trente-et-un ou la Maison de prêt sur nantissement, gravé par L. Darcis d'après Guerain.
> Très belle épreuve en couleurs.

99. La même estampe.

> Très belle épreuve en noir.

100. LE BON GENRE. Planches 1, 2, 3, 4, 6, 8, 10, 12, 13, 15, 17, 19, 20, 28, 38, 39, 41, 46, 48, 51, 54, 61, 63, 65, 66, 73, 77, 81, 82, 97, 98, 99, 101, 102, 104, 106, 112. Ensemble 37 pièces.

> Très belles épreuves, coloriées, ayant la plupart de grandes marges.

101. 36 DESSINS ET CROQUIS à la plume relevés d'aquarelle, la plupart par Lanté, pour l'ouvrage précédent.

> Curieux et intéressants dessins avec de nombreuses variantes, sur lesquelles on peut suivre la pensée de l'artiste.

102. LE GOUT DU JOUR. Planches 1, 3, 5, 6, 8, 11, 30. — GARDE A VOUS. Planches 1 et 3. Ensemble 9 pièces.

> Très belles épreuves coloriées. Marges inégales.

103. LE SUPRÊME BON TON. Planches 1, 2, 3, 4, 5, 7, 8, 9, 10, 12, 16, 18, 25, 27 et 28. Ensemble 15 pièces.

> Très belles épreuves coloriées ayant la plupart de grandes marges.

104. LE MUSÉE GROTESQUE. 20 pièces.

> Épreuves coloriées. Marges inégales.

105. La Roulette. — Le Sérail en boutique. — Pavillon de la Paix. — Les funestes effets du jeu. — Le Foyer de de la Montansier. — Les Bains à la mode. 6 pièces curieuses et rares.

> Épreuves coloriées ayant toutes leurs marges.

106. Les Bains à la mode. — Le Grimacier de Tivoli. — Galerie du Palais-Royal. — Le Café des comédiens. — Une matinée du Luxembourg. — Dernière promenade des Anglais à Paris. — Café des aveugles. — Café Borel. — Soirée amusante de la Terrasse du Luxembourg. 9 pièces rares.

> Épreuves coloriées.

107. Le Jeu des quatre coins. — La Main chaude. — Le Pont d'amour. — Réunion à la mode de 1801. — Élégance Parisienne, n°ˢ 1, 2 et 3. — Quel est le plus ridicule? — Une heure avant le concert. — Une heure de retard pour le concert, 10 pièces principalement d'après Bosio et Dutailly.

> Très belles épreuves coloriées.

108. Le Désagrément d'aller à pied et à cheval. — Admirables effets de la vaccine. — Réunion à la mode de 1801. La partie de Longchamp. — La Gavotte. — La Roulette. — Le Jeu de Longue-Paume. — Le Marché aux fleurs. — Le Temps découvre la vérité. 9 pièces.

> Épreuves coloriées.

109. Ah! s'il y voyait. — Le Sérail ou le Turc à Paris. — Le Café politique. — 3 pièces par Vincent et Fortier.

> Très belles épreuves coloriées.

110. Promenade de Longchamp, 1802.

> Grande et intéressante pièce, en largeur, publiée chez Martinet.
> Ancienne et très belle épreuve coloriée. Rare.

111. Oh! c'est bien ça, par Levachez d'après C. Vernet.

> Très belles épreuve, en couleurs, tirée avant que le titre ait été remplacé par : *Costumes français et anglais*.

112. La Chute dangereuse. — Visites du nouvel an 1803. — Le Coup de vent. — Le Temps découvre la vérité. — Encore un pour Sceaux. — Allons Messieurs pour Versailles. — Partant pour Sceaux. — Pièces extraites du Bon Genre, du Goût du jour. etc. 15 pièces.

> Épreuves coloriées.

113. Enlèvement d'une Montgolfière à Tivoli; pièce attribuée à Debucourt.

> Épreuve coloriée sur trait.

114. La Promenade des Boulevards, par D. Opiz.

> Très belle épreuve très soigneusement coloriée et montée en dessin.

115. Le Grand matin. — Les Halles. — Le Savoyard. — Les affiches publiques ; suite de 4 pièces, par D. Opiz.

> Très belles épreuves, coloriées, dans leur couverture de publication. Rares.

116. Les Eaux de... (Allemagne). Grande pièce, en largeur dessinée et gravée par Opiz.

> Très belle épreuve en couleurs.

117. Le Zéphir indiscret. — Le Colin-maillard. — Les Ecossais à Paris. — Le Désarroi. — La Vie d'un joli garçon et d'une jolie fille à Paris. — Le Désagrément des Capotes. — La Matinée du Luxembourg. — Encore un lapin. — Le Bal de Vincennes, etc. 22 pièces.

> Épreuves coloriées.

118. Les Amusements de la campagne. — Les Aventures de Bobêche. — Les Plaisirs du printemps, etc.

> 78 dessins originaux à la sépia et à l'aquarelle.

119. Le Jeu de Billard. — Le Jeu de l'écarté. — Réjouissance publique. — Intérieur d'un café. — Une scène des Boulevards. — Spectacle gratis, etc. 10 lithographies par et d'après Boilly.

> Très belles épreuves noires et coloriées.

120. Ce qu'on dit, ce qu'on pense. — Carte vivante du restaurateur. — Tableau de Paris, etc.

> 37 pièces gravées et lithographiées.

121. Les différentes Danses. — Les Extrêmes se touchent. — La curiosité punie par la Barbarie. — Les invisibles. — Le Bon temps revenu. — Le Casse-tête omanié, etc. 45 pièces gravées et lithographiées.

> Épreuves noires et coloriées.

CARICATURES ANGLAISES

122. *An english sloop engaging a dutch man of war.* — *The Pit door.* — *A man ioaded with mischief*, 3 pièces humouristiques, gravées à la manière noire, publiées chez Carington Bowles.

> Très belles épreuves en couleurs.

123. Caricatures politiques. — Scènes de mœurs. — Pièces humouristiques. 20 pièces par Gilray et Cruikshank.
    Épreuves coloriées.

124. Heigh ho! for a husband. — John Bull in Paris. — Too much of one thing good for nothing. — A Pig in a Poke. — The morning after marriage. — Wife and no Wife. — A milliner's schop. etc. 8 pièces par Newton et autres artistes.
    Épreuves noires et coloriées.

125. La Danse des Morts. — Caricatures politiques. — Portraits charges, 34 pièces.
    Épreuves noires et coloriées.

126. Tableaux de Paris. 14 pièces dessinées par L. T. Chalon et publiées à Londres, en 1822.
    Très belles épreuves, coloriées, ayant presque toutes de très grandes marges.

CARRÉ

127. Vue de la Fontaine des Innocents.
    Très belle épreuve avant toutes lettres.

CATHELIN (L. J.)

128. PARIS DE MONTMARTEL, marquis de Brunoy, célèbre financier, en pied assis dans son cabinet, d'après M. Q. de la Tour. Grand in-f°.
    Très belle épreuve, la marge inférieure est rapportée.

CHALLE (D'après M. A.)

129. Les Espiègles. — L'Amant surpris.
    Deux pièces, faisant pendants, gravées par Descourtis. Superbes épreuves imprimées en couleurs. Rares de cette qualité.

130. Les Amants trahis par leurs ombres, par Wogts.
    Très belle épreuve imprimée en couleurs.

131. L'Adroite Confidente, par Vionet.
    Très belle épreuve. Toute marge.

CHALLE (D'APRÈS M. A,).

132. La Comparaison, par Dupréel.
    Très belle épreuve avant toutes lettres.

133. *The Officious waiting woman*, par Chaponnier.
    Très belle épreuve. Sans marge.

134. La Ruelle, par Malapeau.
    Très belle épreuve.

135. Le Souvenir agréable, par Vidal.
    Superbe et très rare épreuve avant toutes lettres. Grande marge.

136. Histoire de Paul et Virginie; suite de 6 pièces gravées par Descourtis.
    Très belles épreuves imprimées en couleurs.

COCHIN (D'après C. N.)

137. MARIE-ANTOINETTE, reine de France, par B. L. Prévost.
    Portrait, en médaillon, dans une composition allégorique ayant pour titre : *Hommage des Arts*.
    Superbe et très rare épreuve avant la lettre. Grande marge.

138. La même estampe.
    Deux épreuves avec différences, l'une très belle, mais sans marge, est avec le portrait de la reine, dans l'autre ce portrait est remplacé par le génie de la Liberté.

COSTUMES (Pièces sur les)

139. COLLECTION DE PORTRAITS de Souverains, Grands Seigneurs et Grandes Dames, Hommes de qualité, tant de l'Epée que de Robe vêtus en modes nouvelles, et estampes en habillements à la mode de l'époque Louis XIV, gravée par N. et H. Bonnart, Arnoult, Chiquet, De Larmessin, Mariette, Trouvain, de Saint-Jean, etc.

    Collection des plus intéressantes et comme portraits et comme costumes, elle comprend 370 pièces environ qui se divisent ainsi :
    Maison Royale de France 60 pièces.
    Princes et Princesses étrangers 20 pièces.

COSTUMES (PIÈCES SUR LES).

Grands Seigneurs et Grandes Dames Françaises avec noms, 50 pièces.
Hommes et femmes de qualité sans noms, 87 pièces.
Costumes français, sans noms, 74 pièces.
Allégories, éléments, saisons, mois, etc., 58 pièces.
Copies diverses. 23 pièces.
Les épreuves sont très belles, mais ont des marges inégales, 26 sont coloriées.

140. Femme de qualité en déshabillé pour le bain. — Femme de qualité s'habillant pour coure le Bal. — Femme de qualité à sa toilette. — Femme de qualité reposant sur un lit d'ange. 4 pièces, in-f° en largeur, d'après Saint-Jean et Van der Bruggen.

Très belles épreuves, la dernière pièce est coloriée et deux sont sans marges.

141. Femme de qualité sollicitant un Juge. — Femme de qualité dans son intérieur. — Femme de qualité à sa toilette. 4 pièces, en largeur, que nous croyons être des copies hollandaises.

Très belles épreuves sans marges.

142. Portraits et Costumes par Bonnart, Mariette et Trouvain. 12 pièces.

Curieuses épreuves recouvertes d'étoffes de velours et de soie.

143. Les mois, moins celui de Mai. — Costumes. Ensemble 14 pièces.

Épreuves recouvertes d'étoffes.

144. Crédit est mort. — Voicy les véritables cris de Paris.

2 grands placards coloriés.

145. GALERIE DES MODES ET COSTUMES FRANÇAIS, ouvrage commencé en l'année 1778, dessiné d'après nature par Le Clerc, Desrais, Watteau fils et Martin.

7ᵉ cahier (planches 39-40 et 41, plus une pièce sans numéro ayant pour titre : fraque à coqueluchon, etc.). Ensemble 4 pièces coloriées.

Très belles et très fraîches épreuves ayant de grandes marges.

146. 8ᵉ et 9ᵉ cahiers (Planches 43-49 et 54) 3 pièces coloriées.
   Très belles épreuves ayant de grandes marges.

147. 12ᵉ et 14ᵉ cahiers (Planches 67-69-81 et 83) 4 pièces. coloriées.
   Très belles épreuves ayant de grandes marges.

148. Cahier T (pl. 112 et 114). — Cahier V (pl. 121). — Cahier Y (pl. 123 et 125). 6 pièces coloriées.
   Très belles et très fraîches épreuves ayant de grandes marges.

149. Cahiers RR (pl. 236, 237 et 238). 3 pièces coloriées.
   Très belles et très fraîches épreuves ayant de grandes marges.

150. 10 pièces faisant partie de différents cahiers.
   Épreuves noires et coloriées, deux sont des copies.

151. 25 pièces faisant, pour la plupart, partie de l'ouvrage précédent.
   Épreuves noires et coloriées.

152. Jeune Élégant. — Soubrette.
   Deux jolies et très curieuses gouaches, probablement par Le Clerc, offrant cette particularité que les vêtements sont en étoffes et les meubles en marqueterie de bois.

153. COLLECTION D'HABILLEMENTS MODERNES ET GALANTS (Pl. 37-39 et 42). 3 pièces coloriées.
   Très belles épreuves ayant toutes leurs marges.

154. CABINET DES MODES, publié à Paris chez Buisson. 11 pièces dont trois à plusieurs costumes sur la feuille.
   Très belles épreuves coloriées du temps.

155. CABINET DES MODES, continué par Le Brun. 6 pièces extraites des années 1791 et 1792.
   Très belles épreuves coloriées.

156. La Rose choisie. — La Femme de chambre. — Le Moment présent. — Le Repentir inutile. — La Laitière. — L'Écosseuse de Pois. — Le Charbonnier. — Le Jardinier galant. — Coiffures à l'Espoir. 9 pièces d'après Le Prince, Desrais et Depain.
   Très belles épreuves noires et coloriées.

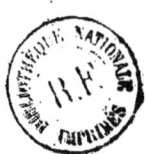

157. La Toilette ou l'amusement du matin.

Grande pièce, en hauteur, dans un encadrement orné de cinq portraits en médaillons, d'hommes et de femmes, intéressants comme coiffures.

Très belle épreuve gouachée. Rare.

158. Costumes du jour, Le Duel Incroyable; suite de 13 pièces, dont douze petites et une plus grande, imprimées sur la même feuille.

Très belles épreuves coloriées. Fort rare.

159. Costume Parisien (La Mésangère). 57 pièces de l'an VI à l'an X.

Très belles et très fraîches épreuves coloriées.

160. INCROYABLES et MERVEILLEUSES DE 1814.

Suite de 33 pièces gravées par Gatine d'après H. Vernet.
Très belles et très fraîches épreuves coloriées.

161. Costumes Parisiens (de femmes).

Suite très rare de 47 planches? gravées par Gatine dont nous ne possédons que 46. (Manque la planche 45).

Très belles et très fraîches épreuves coloriées, elles ont toutes leurs marges, moins les planches 21, 22, 46 et 47 qui sont un peu plus courtes, la planche 35 est tachée.

162. Costumes anglais et français de diverses époques, 45 pièces.

Épreuves noires et coloriées.

COSWAY (D'après R.)

163. Madame Récamier, vue debout, à mi-jambes, soulevant, d'une main un voile qui lui cache en partie le visage; gravé par A. Cardon. In-4°.

Très belle et très fraîche épreuve ayant toute sa marge.

164. Mesdemoiselles Olivier et Contat, de la Comédie-Française, dans les rôles de Chérubin et de Suzanne du Mariage de Figaro. 2 très jolies pièces, in-4°, faisant pendants.

Superbes épreuves imprimées en couleurs; elles sont très fraîches et ont leurs marges entières non ébarbées. Très rares de cette qualité.

COUTELLIER

165. Madame Dugazon, de la Comédie Italienne, médaillon ovale in-8°.

   Très belle épreuve imprimée en couleurs. Toute marge.

166. Mlle Dutey (Mlle Duthé), en buste, une rose dans les cheveux, des fleurs au corsage, médaillon ovale in-f°.

   Très belle épreuve imprimée en couleurs; elle est découpée à l'ovale et montée, en dessin, sur une bordure imprimée où se lisent le nom du Personnage et les adresses de Chereau et de Coutellier. Extrèmement rare.

GRÉPY (A Paris, chez)

167. Le Départ pour la Chasse. — Le retour de la Chasse. — 2 pièces faisant pendants.

   Très belles épreuves ayant toutes leurs marges.

168. La suivante commode. — A bon chat, bon rat. 2 pièces, anonymes, faisant pendants.

   Très belles épreuves. Marges inégales.

CRIMINELS (Pièces sur les)

169. Portraits de Cartouche, — Vidocq. — L'Anthropophage. — La Bande Magnier. — La Moderne Tour de Nesles. — L'affaire de la Rue du Temple. — L'affaire des Traboucayres. — L'affaire Troppmann, etc.

   32 placards gravés sur bois.

CURTIS

170. Marie-Antoinette d'Autriche, reine de France, à mi-corps dans un ovale, coiffure de rubans et de perles surmontée d'une aigrette; gravé d'après Dufroc. In-f°.

   Superbe épreuve imprimée en couleurs.

171. Le même Portrait.

   Très belle épreuve en noir.

DAGOTY (Gauthier)

172. DUFRESNY, auteur dramatique en buste, assis à sa table de travail et tenant sa plume à la main ; grand médaillon ovale, in-4°.

    Très belle épreuve imprimée, en couleurs, au verso d'une autre estampe, également en couleurs et du même graveur, représentant une scène de l'Histoire Romaine.

DAULLÉ (J.)

173. CATHERINE MIGNARD, comtesse de Feuquières, d'après Mignard, son père. In-f°.

    Très belle épreuve. Très grande marge.

DAYES (D'après E.)

174. *An airing in Hyde Park*, par E. Gaugain, 1793.

    Grande et très belle pièce en largeur, une des plus remarquables de l'école anglaise.
    Magnifique épreuve imprimée en couleurs. Extrêmement rare de cette qualité.

175. *The Promenade in St. Jame's Park*.

    Très belle épreuve en noir. Remargée au trait carré.

DEBUCOURT (P. L.)

176. Le Menuet de la Mariée. — La Noce au château (M. F. 8 et 21).

    Deux des plus remarquables pièces du Maître, faisant pendants, publiées en 1786 et en 1789.
    Superbes épreuves, imprimées en couleurs, avant toutes lettres et avant les armes, seulement le nom du Maître tracé en caractères excessivement fins sous les traits carrés, à gauche.
    Excessivement rares.

177. Promenade dans le Jardin du Palais-Royal, 1787. (11ⁿ).

    Estampe conservée, par tradition, dans l'œuvre de Debucourt quoiqu'elle ait été gravée par Le Cœur d'après un dessin de Desrais.
    Belle épreuve imprimée en couleurs. Frottée et remargée sur les côtés et en bas, au-dessous de l'adresse.

178. La Promenade du Jardin du Palais-Royal (11 b). Charmante réduction de l'Estampe précédente.
>Très belle épreuve imprimée en couleurs. Très rare.

179. Heur et malheur ou La Cruche cassée. — L'Escalade ou les adieux du matin (12 et 13).
>Deux pièces faisant pendants, 1787. Très belles épreuves imprimées en couleurs. Marges inégales.

180. Heur et malheur ou La Cruche cassée, 1787 (125).
>Superbe épreuve, imprimée en noir, avant toutes lettres, avant le trait carré et avant de nombreux travaux ou changements dans l'estampe, notamment avant le panier de fruits qui se voit au bas, à droite, près du trait carré. Le feuillage dans l'angle du haut, également à droite, n'a pas encore été dessiné au brunissoir.
>De la plus grande rareté sinon unique.

181. Le Compliment ou la matinée du Jour de l'an, 1789 (15).
>Très belle épreuve imprimée en couleurs. Remargée.

182. La Rose. — La Main (17 et 18).
>Deux charmantes pièces, faisant pendants, publiées en 1788.
>Superbes épreuves imprimées en couleurs. L'épreuve de la Rose est avant l'adresse du Maître et avec son nom tracé à la pointe, au-dessous du premier trait carré, à gauche.
>Celle de la Main est d'un état antérieur, non décrit : non seulement elle est avant l'adresse du Maître mais est, de plus, *avant son nom* tracé à la pointe.
>Ces deux pièces sont, dans cet état, d'une extrême rareté.

183. Almanach national, 1791 (26).
>Très belle épreuve imprimée en couleurs. Très rare.

184. La Rose mal défendue, 1791 (27).
>Superbe épreuve imprimée en couleurs; légèrement coupée dans la gravure et remargée.

185. Lise poursuivie (29).
>Très belle épreuve. Rare.

186. Il est pris (34).
>Gravure ovale exécutée par un procédé particulier, aquatinte et eau-forte, découvert par l'auteur en 1792.
>Superbe épreuve, en couleurs, d'un tout premier état non

décrit : non seulement elle est avant la lettre et avant la suppression du poisson que tient, dans sa main, la jeune femme, mais elle est encore avant *le nom de Debucourt* au-dessous de l'ovale; elle est très fraîche et a une très grande marge. Excessivement rare.

187. Minet aux aguets (54).

>Très belle épreuve imprimée en couleurs. Rare.

188. Les Visites. — L'Orange ou le moderne Jugement de Paris (65 et 66).

>Deux pièces faisant pendants, la première a été publiée le 1er jour du xixe siècle.
>Très belles épreuves.

189. MODES ET MANIÈRES DU JOUR à Paris à la fin du xviiie siècle et au commencement du xixe (71 à 122).

>Suite de 52 pièces, dont nous ne possédons que quarante-sept (manquent les N°s 38, 39, 48, 49 et 52).
>Très belles épreuves coloriées, plus la double feuille du titre qui est d'une rareté insigne. Marges inégales.

190. La Femme et le Mari, 1803 (148).

>Très belle épreuve. Très grande marge.

191. La Coquette et ses filles, 1803 (149).

>Très belle épreuve.

192. Les Petits Messieurs ou les Adolescents à la mode, 1804 (172).

>Très belle épreuve. Toute marge.

193. Les Courses du matin ou la porte d'un riche (173).

>Très belle épreuve. Grande marge.

194. Frascati (196).

>Dessiné d'après un croquis pris sur le lieu en 1807.
>Très belle épreuve en noir.

195. La Jeune femme, 1810 (198).

>Très belle épreuve. Très grande marge.

196. Barrière des Champs-Élysées, 1808 (207).

>2 épreuves imprimées en couleurs et en noir, cette dernière n'a pas la bordure gravée à l'aqua-tinte.

197. La Manie de la Danse, 1809 (210).
    Très belle épreuve. Rare.

198. Vent derrière, d'après Mendoze (313).
    Très belle épreuve. Marge.

199. La Route du marché, d'après C. Vernet, 1819 (409).
    Très belle épreuve en couleurs. Très grande marge.

200. Les Joueurs de boule, d'après C. Vernet, 1822 (413).
    Très belle épreuve, en couleurs, avant la retouche. Grande marge.

201. Le Joueur de Cornemuse, d'après C. Vernet, 1822 (414).
    Très belle épreuve, en couleurs, avant la retouche. Très grande marge.

202. Berline arrêtée par l'orage (224). — L'Incendie (167).
    2 pièces.
    Très belles épreuves, la première pièce est rognée.

203. La Soif de l'or, d'après Prud'hon (134). — La Croix d'honneur (488). — La Mariée, d'après Duval Le Camus (517). — Le Colin-Maillard, d'après Wilkie (528), 4 pièces.
    Très belles épreuves en couleurs.

204. Le Coup de vent. — Adieux d'un Russe à une Parisienne. Passez, Payez. — Promenade anglaise. 4 pièces d'après C. Vernet.
    Belles épreuves en couleurs.

DEBUCOURT? (L.-P.)

205. Modes et Nouveautés, Paris an VIII. Planches 1, 2 et 3.
    Sept scènes de la vie parisienne, coloriées sur trait, imprimées sur trois feuilles :
    Planche I : Voiture à la mode. — Escarpolette de Paphos. Jeu de Bague de Paphos. — Walse dessinée à Paphos.
    Planche II : Montgolfière lancée à Tivoli, le 15 thermidor. — Caffé du Jardin des Tuileries.
    Planche III : Souper de Gargantua à Tivoli. — Danse dessinée à l'Hôtel d'Augny.
    Une seule de ces pièces faisant partie de la Planche 2 : *Montgolfière lancée à Tivoli, le 15 Thermidor,* est décrite par M. Fenaille, n° 567, de son catalogue, l'attribution à Debu-

court lui semble douteuse; elles sont, néanmoins, des plus intéressantes comme scènes de la vie Parisienne et sont de plus extrêmement rares dans cet état.

DEMARTEAU (G.)

206. Jeune femme, en buste, ayant un petit bonnet à plume sur la tête; gravé aux deux crayons d'après Ant. Watteau, n° 420.

Très belle épreuve.

DESCOURTIS (C. M.)

207. Frédérique-Louise-Wilhelmine de Prusse, femme de Guillaume Ier, roi de Hollande.

Charmant portrait, in-f°, gravé d'après Tozelli, sous la direction de Hentzi.
Très belle épreuve imprimée, en couleurs, sur papier teinté gris. Sans marge et tachée.

208. Intérieur d'un cloître de religieux. — Intérieur d'un cloître de religieuses. 2 pièces faisant pendants.

Très belles épreuves imprimées en couleurs.

DESRAIS (D'après Cl. L.)

209. La Femme trompée. — La Femme vengée. 2 petites pièces, faisant pendants, gravées par Mixelle.

Très belles épreuves imprimées en couleurs.

210. L'Amant pressant. — Les Douces promesses. 2 pièces faisant pendants.

Très belles épreuves imprimées en couleurs. Rares.

211. Variétés amusantes ou la Courte-Paille. — Le Fossé du scrupule. — La Chute favorable. — Le Jeu de l'Escarpolette; suite de 4 pièces gravées par Deny.

Très belles épreuves ayant de très grandes marges.

212. Promenade du Boulevard Italien, ou petit Coblentz; gravé par Voysard.

Très belle épreuve.

DESRAIS? (D'après C.)

213. Le Repas des Gardes du Corps, un Capucin est porté en triomphe.
     Curieuse pièce au trait. Remargée.

214. Le Bonheur inattendu; fait arrivé le 5 messidor 1802 (Elleviou chantant aux Champs-Élysées).
     Pièce anonyme gravée à la manière du lavis.
     Très belle épreuve tirée en bistre.

DE TROY (D'après)

215. Le Jeu de pied de bœuf, par C. N. Cochin.
     Très belle épreuve.

216. La Gouvernante fidèle, par C. N. Cochin.
     Très belle épreuve.

DEVÉRIA (A. et E.)

217. ALEXANDRE DUMAS, assis sur un canapé.
     Très belle épreuve. Sans marge.

218. La Contemporaine (Mme Ida Sainte-Elme). In-f°.
     Très belle épreuve sur Chine.

219. Mme GIDE, touchant du piano. In-4°.
     Très belle et très rare épreuve avant toutes lettres et avant le double filet, en bas et à droite.

220. JULIETTE et JUDITH GRISI, du théâtre Italien, sur la même feuille. Grand-In-f°.
     Très belle épreuve. Rare.

221. VICTOR HUGO, deux portraits in-4° et in-f°.
     Très belles épreuves sur blanc et sur Chine.

222. Dona DAMIANA. — HAGMAN. — Cl. HOFMAN. — LEOPOL-DINE HUGO. — LAMARTINE. — Mme MALIBRAN. — Mme RÉCAMIER sur son lit de mort. — ALFRED DE VIGNY. 10 portraits in-f°.
     Très belles épreuves tirées sur blanc et sur Chine.

223. Les Mois ; suite de 12 pièces.

Très belles épreuves tirées sur Chine.

224. L'Attention. — Le Coucher. — Le Réveil. — Le Lever et le Coucher de la Mariée. — Sujets de genre. 22 pièces.

Très belles épreuves sur blanc et sur Chine.

DORÉ (G.)

225. La Rue de la Vieille Lanterne (Mort de Gérard de Nerval).

Très belle épreuve de cette curieuse et très rare lithographie.

DUCLOS (D'après A. J.)

226. Le Bouquet déchiré.

Très belle épreuve. Marge.

DUGOURE (D'après J. D.)

227. Le Lever de la Mariée, par Ph. Trière.

Superbe et rare épreuve avant la lettre. Grande marge.

DULAC (C.)

228. Paysages, 8 lithographies.

Très belles épreuves d'artiste signées, sept sont avec remarques et une épreuve est en couleurs (unique).

DUTAILLY (D'après)

229. On doit à sa patrie le sacrifice de ses plus chères affections. — Il est glorieux de mourir pour sa patrie.

2 pièces, faisant pendants, gravées par Coqueret.

Très belles épreuves imprimées en couleurs ; la dernière est avant toutes lettres.

ÉCOLE ANGLAISE

XVIII° SIÈCLE

230. *This Representation of the dinner given by the Lordschip to the kentish volunteers, in Presence of their Majesties and the Royal Family, 1799.*

The Riot in Broad stree. on the seventh of. June 1780.

2 grandes pièces gravées par Alexander et Heath, d'après Alexander et Wheatley.

Très belles épreuves, la dernière pièce est avant la lettre.

231. *A wiew of the Tripal of Warren Hastings, esq. before court of Peers. in Westminster Hall.*
Royal Procession in St. Paul's on St. Georg's Day 1789.

<blockquote>2 grandes pièces gravées par Pollard et Neagle, d'après Dayes.
Très belles épreuves.</blockquote>

232. *Cérémonie à Westminster. — The Halsewell East Indiaman. — The Loss of the Halsewell East Indiaman. — Lieutenant Moody. — Battle of the Hooghe,* 6 pièces.

<blockquote>Très belles épreuves.</blockquote>

ÉCOLE FRANÇAISE

XVIIIe SIÈCLE

233. Conversation galante. — Le Berger indécis. — On ne s'avise jamais de tout. — Les oyes de Frère Philippe. — Le Bast. — Le Bain. — L'Alliance de la musique et de la Comédie. — Études de Figures, etc. 19 pièces d'après Watteau, Lancret et Pater.

<blockquote>Très belles épreuves.</blockquote>

234. Bal masqué donné aux Tuileries, dans la Cour et dans un Pavillon dressé, à cet effet, devant la grande porte du Palais.

<blockquote>Grande et très rare estampe, animée de nombreux personnages, dans le goût de C. N. Cochin.
Très belle épreuve coloriée sur trait.</blockquote>

235. Exemple d'humanité donné par Mme la Dauphine. — La Poule au pot. — Le Monarque bienfaisant. — Retour de chasse. Suite de 4 pièces d'après Moreau et Dugoure.

<blockquote>Très belles épreuves.</blockquote>

236. Le Banquet magique. — Les Médecins botaniste et minéralogiste écrasés par le médecin à la mode. — Les Effets du magnétisme animal... — Le Baquet de Mesmer, 4 pièces.

<blockquote>Très belles épreuves.</blockquote>

237. Ah! mon ami, sans toi, ils m'entraînaient. — Apprenez, mon fils, combien cette victoire m'est douloureuse. —

La Colonnade. — Almaviva. — Frontispice. — Paul et Virginie. — Le Paradis Terrestre. 9 pièces par et d'après Janinet, Schall, Le Barbier et autres artistes.

> Très belles épreuves imprimées en couleurs et coloriées.

238. Le Coucher, petit médaillon, ovale grivois, publié à Londres? en 1782.

> Très belle épreuve imprimée en bistre.

239. Les Éléments. — A Bon chat bon rat. — Le Départ de la chasse — Le Retour de la chasse. — La Surprise amoureuse. — Le Repas du matin. — La Toilette du midi, etc. 12 pièces d'après Queverdo et Le Brun.

> Très belles épreuves.

240. Les Pétards. — La Cachette découverte. — Le Mariage conclu. — Le Mariage rompu. — Le Catéchisme. — Le Confessionnal. — La Ceinture de chasteté. 12 pièces d'après Fragonard, Baudouin et autres artistes.

> Belles épreuves, quelques-unes sont sans marges.

241. La désolation des filles de Joye. — Le vice poursuivi dans ses retranchements. — Têtes à changer. — The French Lady in London, etc. 9 pièces.

> Très belles épreuves noires et coloriées.

242. L'Amour à l'Espagnole. — La Comparaison du bouton de rose. — Le Garde-chasse scrupuleux. — La Tendresse maternelle. — Le Repos. — Déménagement d'un peintre. — Jeux d'enfants, etc. 9 pièces d'après Le Prince, Saint-Aubin et Coypel.

> Très belles épreuves.

243. Vues de Naples. — Ruines de divers Palais. 5 pièces gravées par Janinet et Guyot d'après H. Robert et Pernet.

> Très belles épreuves imprimées en couleurs. Sans marges.

244. La Leçon de danse. — Le Départ et le retour du Milicien. — Le Rival séducteur. — L'amant vengé. — La

ÉCOLE FRANÇAISE.

Malheureuse famille Calas. 6 pièces par et d'après Canot, Le Barbier, Ransonnette et Carmontelle.

Très belles épreuves.

245. Parade des Boulevards. — Le rond-point du Pont-Neuf. — Inauguration de la statue de Louis XV. — Le Cabaret de Ramponeau. — Bal du May donné à Versailles. — Les Jardins de Bagatelle. 9 pièces par et d'après Saint-Aubin, Prévost et L. Moreau.

Très belles épreuves avant et avec la lettre.

246. Le Jeu d'ombre. — Le Jeu de pied de bœuf. — Le tendre engagement. — Profitons du moment. — Le Petit-maître. — Le Financier. — Cabinet de Chodowiecki. — La tricherie reconnue. — La Marchande de beignets, etc. 22 pièces par et d'après B. Picart, Lantara, Moreau et autres artistes.

Très belles épreuves.

247. La Folie du jour. — Le Chasseur. — La Nourrice élégante. — Les pommes de terre. — La partie d'œufs frais. — La Belle qui se défend mal. — Où est donc cet abbé que je l'achève, etc. 11 pièces d'après Sergent, Binet et Desrais.

Belles épreuves.

248. Le Charlatan allemand. — Le Charlatan français. — La Loge des neuf sœurs. — Boutique d'un confiseur. — Le marché conclu. — L'instant de la gaieté. — La perte irréparable. — La réflexion tardive. — La chambrière instruite. 10 pièces, la plupart d'après Duplessis-Bertaux.

Très belles épreuves noires et coloriées.

249. Sujets de genre. — Sujets mythologiques. — Pastorales, etc. 25 pièces d'après Gillot, Boucher, Moreau et autres maîtres.

Belles épreuves.

250. Éventail. — Fête donnée à Louise Pérignon. — La Promenade du matin. — La voilà prise. — L'Imitation de l'antique. — 1re scène de voleurs. — Le Coup de

vent, etc. 10 pièces par et d'après Mallet, Boilly, Isabey et autres artistes.

Très belles épreuves imprimées en noir et en couleurs.

251. Le Double engagement. — La triple yvresse. 2 pièces anonymes faisant pendants.

Très belles épreuves. Grandes marges.

252. Promenade de Leipzig. — Vue des Bosquets d'Arcadie. — Scènes de la Vie italienne. — Oh che Boccone. — La fête de Saint-Nicolas, etc. 14 pièces d'après Longhi, Siccardi et autres.

Très belles épreuves.

253. Sujets de genre. — Sujets mythologiques. — Allégories, etc. 65 pièces.

Belles épreuves.

EISEN LE PÈRE (D'après F.)

254. Les Dragons de Vénus. — L'Amour en ribotte. 2 pièces, faisant pendants, gravées par L. Halbou.

Très belles épreuves ayant toutes leurs marges.

EISEN (D'après C.)

255. Le Jour. — La Nuit. 2 pièces, faisant pendants, gravées par Patas.

Très belles épreuves tachées d'eau.

256. L'Accord de mariage. — Le tric-trac. 2 pièces, faisant pendants, gravées par Gaillard.

Très belles épreuves.

257. L'Amour européen. — L'Amour asiatique. 2 pièces, faisant pendants, gravées par Basan.

Très belles et très fraîches épreuves ayant toutes leurs marges.

258. Les Saisons. — Les Heures du jour. — La Belle nourrice. — Le Concert et les Plaisirs champêtres. 11 pièces gravées par De Longueil.

Très belles épreuves, quelques pièces sont doubles.

EISEN (D'APRÈS C.).

259. Concert méchanique inventé par R. Richard; gravé par De Longueil.
   Très belle épreuve tirée avant la suppression du lustre. Grande marge.

EISEN? (D'après C.)

260. Le galant officier.
   Très belle épreuve avant toutes lettres.

EX-LIBRIS et ADRESSES

261. Ex-libris de Braillet. — Dampoigné. — De Fréval. — Godard. — Paul Henault. — Héré. — Jaillot. — Jocheri. — Josse. — Louis le fils. — Lavoisier. — De Provenchères. — Comte de Sérans. — Thierry. — Thouverun, etc.
   20 pièces.

262. Adresses de Vaugeois. — De Ramponeau. — De Fremy. En-têtes de lettres de faire part de mariage et de naissance. — En-tête du magasin de Basan. 8 pièces gravées par Choffard, Mme Desmaisons et autres artistes.
   Très belles épreuves.

FANTIN-LATOUR

263. Ève (H. 125).
   Très belle épreuve, signée.

FRAGONARD (D'après H.)

264. Les Hasards heureux de l'escarpolette, par N. de Launay.
   Très belle épreuve tirée avant que la planche ait été réduite en ovale. Remargée au trait carré, sauf en bas où les inscriptions sont complètes.

265. Le Baiser à la dérobée, par Regnault.
   Très belle épreuve en couleurs, avant toutes lettres, seulement le nom de Regnault tracé à la pointe.

266. Les Baisers. 2 pièces, faisant pendants, gravées par Marchand.
   Très belles épreuves.

FRAGONARD (D'APRÈS H.).

267. La Chemise enlevée, par Guersant.
Très belle épreuve ayant toute sa marge. Rare.

268. La Déclaration, par Bervic.
Très belle épreuve avant toutes lettres. Restaurée.

269. L'Oracle des amants.
Très belle épreuve avant la dédicace.

270. Le Pot au lait, par N. Ponce.
Très belle épreuve. Toute marge.

271. Le Verrou, par Blot.
Superbe épreuve avant la dédicace, les noms des artistes tracés à la pointe.

FREUDEBERG (D'après S.)

272. Le Petit jour, par N. de Launay.
Belle épreuve. Sans marge.

273. Le Boudoir, par P. Maleuvre.
Très belle épreuve avant le numéro. Très grande marge.

274. Les Confidences, par C. L. Lingée.
Très belle épreuve. Toute marge.

275. Le Coucher, par Duclos et Bosse.
Très belle épreuve avant le numéro. Marge du cuivre.

276. L'Évènement au bal, par Duclos et Ingouf.
Très belle épreuve. Très grande marge.

277. Le Lever, par Romanet.
Très belle épreuve. Très grande marge.

278. L'Occupation, par Lingée.
Très belle épreuve. Toute marge.

279. La Soirée d'hyver, par Ingouf le jeune.
Très belle épreuve. Très grande marge.

280. La Toilette, par Voyez l'aîné.
Très belle épreuve. Très grande marge.

281. La Visite inattendue, par Voyez l'aîné.
>Très belle épreuve. Toute marge.

282. Les Mœurs du temps, par Ingouf.
>Très belle épreuve de la grande planche, avant qu'elle n'ait été réduite pour être ajoutée au Monument du costume, édition de Neuwied sur le Rhin.

283. Le Bain. — La Promenade du matin. — La Promenade du soir. 3 pièces gravées par Romanet, Lingée et Ingouf.
>Très belles épreuves avant et avec les numéros. Sans marges.

GAVARNI (G.-S. Chevallier, dit)

284. Un bal à l'Opéra. — Un souper à la Maison d'Or. — Portraits. — Pièces tirées du Journal l'Artiste. 45 pièces.
>Très belles épreuves.

285. Souvenirs de Carnaval; suite de 25 lithographies publiées chez Pannier.
>Belles épreuves.

GIGOUX (J.)

286. La Princesse Caroline Murat, assise coiffée d'une sorte de turban à mentonnière, dans le fond, l'indication de la colonne Vendôme. Grand in-f°.
>Très belle épreuve sur Chine. Fort rare.

GREUZE (D'après J.-B.)

287. Jeune fille donnant la becquée à une tourterelle, gravure anonyme gravée au pointillé.
>Très belle épreuve, sans aucune lettres, légèrement coloriée.

288. La Voluptueuse, par R. Gaillard.
>Très belle épreuve.

GREVEDON (H.)

289. Mme Grevedon, du Gymnase Dramatique. In-f°.
>Très belle épreuve.

290. Mlle Anaïs Aubert. — Mlle Despréaux. — Mlle Doze. — Mlle Dupont. — Mlle Levert. — Mlle Plessy. 6 portraits, in-f°, d'artistes de la Comédie-Française.

> Très belles épreuves sur blanc et sur Chine; le portrait de Mlle Plessy est avant la lettre.

291. Mme Caradori. — Mlle Fanny Essler. — Mlle Heinefetter. — Mlle Jawurek. — Mme Méric-Lalande. — Mlle Noblet, 2 portraits différents. — Mme Prévost. — Mme Taglioni. 11 portraits, in-f°, d'artistes de l'Académie royale de musique, du Théâtre Italien et de l'Opéra-Comique.

> Très belles épreuves sur blanc et sur Chine.

292. Mme Albert. — Mlle Bourbier. — Léontine Fay, 2 portraits différents. — Mlle Falcoz. — Mlle Jenny Vertpré, 7 portraits, in-f°, d'artistes appartenant à divers théâtres.

> Très belles épreuves.

293. S. M. la reine Marie-Amélie. — S. M. la reine des Belges. — Mme Catalani. — Ida Saint-Elme. — Mme Récamier. — Comtesse Samoïloff. 7 portraits in-f°.

> Très belle épreuves sur blanc et sur Chine.

294. Le Miroir des Dames ou nouvel Alphabet Français, collection gracieuse et variée de portraits lithographiés d'après nature; suite de 25 pièces in-f°.

> Très belles épreuves dans leur couverture de publication.

GUYOT (L.)

295. Trait de courage de Joseph Chrétien, d'après Texier.

> Très belle épreuve imprimée en couleurs. Remargée.

HEILLMANN (D'après J. G.)

296. Le Bon exemple. — Mlle sa sœur. 2 pièces, faisant pendants, gravées par Chevillet.

> Très belles épreuves avant la lettre; la première pièce est restaurée dans la bordure.

HELLEU

297. Mlle de R. — Femme à la fourrure assise. 2 pièces.

 Très belles épreuves d'artiste, signées.

HISTORIQUES (PIÈCES)
Henri II à Louis XV

298. Tableaux des guerres, massacres, troubles et autres événements remarquables advenus en France de 1559 à 1570, par *Jean Tortorel* et *Jacques de Périssin*. 20 pièces gravées sur bois et sur cuivre.

 Tournoy où Henri II fut blessé à mort. — La mort du Roy Henri II aux Tournelles. — Le supplice d'Anne du Bourg. — Assemblée des Trois États tenus à Orléans. — Massacre fait à Sens, etc.
 Très belles épreuves.

299. « Carosel fait à la Place Royale à Paris, le v, vi, vii avril MDCXII », d'après Cl. Chatillon.

 Belle épreuve.

300. « La Représentation de deux artifices de feu et triomphes faits à Paris sur la rivière devant le Louvre, le dimanche 25 et le jeudi 29 jours d'aoust 1613 en l'honneur de la Feste de sainct Louys. »

 « La Représentation des artifices de feu et autres triomphes faits à Paris sur le gué des Célestins et en l'isle Louviers, le lundy deuxiesme septembre 1613 en l'honneur de la fête de S. Louys. »

 Deux pièces, excessivement intéressantes et très rares, gravées par M. Mérian.
 Très belles épreuves sans les légendes.

301. Le Sacre de Louis XIV; suite de 3 grandes pièces dessinées et gravées par Le Pautre.

 Très belles épreuves sans les légendes.

302. Courses de Têtes et de Bagues faites en 1662.

 42 grandes planches plus 54 armoiries. Ensemble 96 pièces par Is. Silvestre.
 Tirage de la Chalcographie.

303. La Triomphante entrée du Roi et de la Reine dans Paris en aoust 1660. — Représentation de la loterie tirée à l'Hôtel de Ville. — Massacre des frères de Witt. — Pompe funèbre du Prince de Condé, etc. 25 pièces par J. Marot, Berain, R. de Hooghe et autres.

Très belles épreuves.

304. La France ressuscitée. — L'Auguste séance de leurs Majestez en Flandre. — L'Auguste triomphe de Louis le Grand sur l'Espagne, la Hollande et l'Allemagne. 3 grands almanachs pour les années 1659, 1671 et 1675.

Belles épreuves.

305. Le Beau jour de la France, arrivé le 6° d'aoust 1682, par l'heureuse naissance d'un prince, fils de M. le Dauphin. *A Paris, chez la Vve Bertrand.* Grand et bel almanach pour l'année 1683.

Très belle épreuve. Doublée.

306. Le Bonheur et le Repos de l'Europe. *A Paris, chez la Vve Bertrand.* Grand et bel almanach pour l'année 1685.

Très belle épreuve.

307. Les Appartements du Roi Louis XIV; suite de 6 pièces, d'un grand intérêt et comme portraits et comme costumes, gravées par Ant. Trouvain, dont nous ne possédons que cinq, manque la 6° chambre.

Première chambre : Mgr le Duc d'Anjou, le Duc de Berry, le Prince de Galles et le Comte de Brionne jouant aux billes.

Seconde chambre : Monseigneur, Madame la Princesse de Conty, douairière, Mgr et Madame la Duchesse de Bourbon et Mgr de Vendôme jouant aux cartes.

Troisième chambre : Le Roy, Monsieur, M. le Duc de Chartres, M. le Comte de Toulouse, M. le Duc de Vendôme, M. d'Armaillac et M. de Chamillard jouant au billard.

Quatrième chambre : Mgr le Duc de Bourgogne, Mme la Duchesse de Chartres, Mademoiselle, Mme la Duchesse du Maine, Mme la Princesse de Conty, au théâtre.

Cinquième chambre : Les Princesses au concert.

Très belles épreuves ayant, moins le cinquième Appartetement, de petites marges.

308. LA FAMILLE DE LORRAINE, par Ant. Trouvain.

Belle épreuve.

HISTORIQUES (PIÈCES).

309. « Représentation de la grande Feste de S. A. R. Madame Princesse d'Orange célébrée, en décembre 1686, dans le Salon du Bois de la Haye, en l'honneur du jour de la naissance de Monsieur le Prince d'Orange. »

> Grande pièce, en deux feuilles assemblées, dessinée et gravée par D. Marot.
> Très belle épreuve.

310. « Foire de la Haye avec les Bourgeois sous les armes saluant Leurs Altesses Royales, Monseigneur le Prince et Madame la Princesse d'Orange. »

> Grande pièce, en deux feuilles assemblées, gravée par D. Marot.
> Très belle épreuve.

311. La Gloire de la France et le Bonheur de l'Espagne. — Le Mariage de Monsieur le Duc de Bourbon et Mlle de Nantes. — La sanglante défaite des Turcs par l'Armée Impériale. 3 grands almanachs pour les années 1680, 1686 et 1666.

> Belles épreuves.

312. Namur la Pucelle prise par Louis le Grand. — La France victorieuse par mer et par terre. 2 grands almanachs pour les années 1693 et 1694.

> Belles épreuves.

313. L'École Royale de Monseigneur le Duc de Bourgogne au camp de Compiègne. *A Paris, chez N. Bonnart.* Grand almanach pour l'année 1699.

> Très belle épreuve.

314. Le Camp et le siège de Compiègne commandé par Monseigneur le Duc de Bourgogne, où le Roy donne une magnifique représentation de toutes les parties de l'Art militaire. *A Paris, chez J. Langlois.* Grand et bel almanach pour l'année 1699.

> Très belle épreuve.

315. Le serment prêté entre les mains du Roy par M. de Phélypeaux. — La victoire remportée sur les Impériaux à la bataille donnée près de Spire. — L'heureuse

naissance du Prince des Asturies. 3 grands almanachs pour les années 1700, 1704 et 1708.

<small>Belles épreuves.</small>

316. L'heureuse nouvelle de la naissance de Monsieur le Prince des Asturies annoncée au Roy par Son Excellence M. le Duc d'Albe. — *A Paris, chez Gérard Jolain.* Grand et bel almanach pour l'année 1708.

<small>Très belle épreuve.</small>

317. Les victoires de Philippe V roi d'Espagne, remportées par ses troupes sous les ordres de Mgr le Duc de Vendôme. — Mgr le Duc de Bourgogne déclaré Dauphin à Marly. — Prise de la ville et du château de Venasque en Catalogne. — La paix réunit les cœurs des Rois et l'espérance des Peuples. 4 grands almanachs pour les années 1711, 1712 et 1714.

<small>Belles épreuves.</small>

318. Almanach Royal représentant l'union des Princes pour la paix générale. — La fin de la guerre ou la paix conclue à Utrecht. — Les rebelles de Catalogne soumis à Sa Majesté catholique par la prise de la ville de Barcelone. — Le Roi, après avoir donné la paix à ses sujets, assure le repos de ses peuples. 4 grands almanachs pour les années 1714 et 1715.

<small>Belles épreuves.</small>

319. Le triomphe de l'Église. — Portraits de Louis XIV dans des compositions allégoriques décorant les thèses de Jacques-Nicolas Colbert et Jean-Baptiste Colbert de Croissy. 4 grandes pièces, en deux feuilles assemblées, gravées par Edelinck et Poilly.

<small>Belles épreuves.</small>

320. Parties supérieures et inférieures de divers almanachs. — Galerie Girardon. 13 pièces.

<small>Belles épreuves.</small>

321. La Royale Réception et les honneurs rendus par le roi au Louvre, au tzar Pierre. — Les conquêtes faites en Espagne par l'Armée du Roy, commandée par

M. le Maréchal, duc de Berwick. — L'audience donnée par Sa Majesté à Mehemet-Effendy, ambassadeur du Grand Sultan. 3 grands almanachs pour les années 1718, 1720 et 1722.

    Belles épreuves.

322. Le Rétablissement de la santé du Roy. — Le Roy en son conseil déclare son mariage avec Marie-Anne-Victoire, Infante d'Espagne. — L'Auguste cérémonie du Sacre de Louis XV. — Les premiers exercices militaires de Louis XV. — La prise de la ville de Nice par les Armées françaises et espagnoles. 5 grands almanachs pour les années 1722, 1723 et 1745.

    Belles épreuves.

323. Le Roi Louis XV tenant son lit de justice pour la première fois en son parlement à Paris, le 12 septembre 1715. — La rue Quincampoix en l'année 1720. — Saint-Médard investi, le 29 janvier 1732. — La glorieuse entrée du nonce à Paris, 1732. — Pompe funèbre de Marie-Thérèse d'Espagne. — Supplice de Damiens, etc. 10 pièces gravées par Poilly, Humbelot, Cochin et autres artistes.

    Très belles épreuves.

324. Illuminations des Galeries du Louvre, 25 aoust 1682. — Les illuminations de la Rue de la Ferronnerie. — Feu d'artifice dressé devant l'Hotel de Ville de Paris. — Feux d'artifice tirés sur la Seine, à Nantes et dans d'autres villes du Royaume. 20 pièces par et d'après N. Cochin, Servandoni et autres artistes.

    Très belles épreuves.

325. Représentation des Fêtes et Réjouissances qui ont eu lieu, à Amsterdam, à l'occasion de l'arrivée et pendant le séjour dans cette ville de Son Altesse Guillaume, prince d'Orange et de Nassau, stathouder des Pays-Bas et de Sophie Wilhelmine, princesse de Prusse, son épouse, le 28 mai et jours suivants de l'année 1768. 15 pièces par Fooke et Vinkeles.

    Très belles épreuves ayant toutes leurs marges, une pièce est double en épreuve avant la lettre.

Louis XVI et la Révolution.

326. Louis XVI. — Marie-Antoinette.

Médaillons ovales, entourés de figures allégoriques, ayant pour titres : au Roi — à la Reine. 2 portraits, petit in-f°, gravés par Le Mire d'après Moreau le jeune.

Très belles épreuves. Remargées.

327. Marie-Antoinette, archiduchesse d'Autriche, dauphine de France, par Cathelin. In-f°.

Très belle épreuve.

328. Comte et Comtesse d'Artois. — Madame Élisabeth. 3 portraits, in-f°, gravés par Madame Boizot.

Très belles épreuves ayant toutes leurs marges.

329. Portraits de Louis XVI, de Marie-Antoinette et des membres de la Famille Royale. 16 pièces in-4° et in-f°.

Épreuves noires et coloriées.

330. La Reine annonçant à Mme de Bellegarde des Juges et la liberté de son mari, en mai 1777 ; gravé par Duclos, d'après Desfossés.

Très belle épreuve.

331. Monseigneur le Dauphin (Louis XVI) chassant ; dessiné et gravé par Perrier.

Très belle épreuve. Marge.

332. « Corps Royal de l'artillerie, canonniers, bombardiers et sapeurs. Régiment de Grenoble. Avis à la belle Jeunesse. »

Curieux placard de recrutement illustré d'une vignette sur bois gravée par Gretner.

333. Vue Perspective de la Décoration élevée sur la terrasse du château de Versailles. — Vue perspective de la place Louis-le-Grand. — La Plaine des Sablons. — Revue de la Maison du Roi au Trou d'Enfer. — Arrivée de la Reine à l'Hôtel de Ville. — Feu d'artifice. 10 grandes pièces par et d'après Cochin et Moreau le jeune.

Belles épreuves.

HISTORIQUES (PIÈCES).

334. M. de NECKER. — Mme SAINT-HUBERTI. — BERGASSE. — CAGLIOSTRO. — Personnages ayant figuré au Procès du collier. 5 portraits in-4° et in-f°.

    Très belles épreuves imprimées en couleurs, noires et coloriées.

335. L'ordre et la marche de Mgr le Dauphin sortant de l'appartement de la Reine. — Départ d'une caisse conique en présence de Sa Majesté à Cherbourg. — Vue de l'Esplanade du château de Versailles. — La Place Louis XVI et la salle d'Opéra. — Tombeau de J.-J. Rousseau. — Trait d'humanité du duc d'Orléans, etc. 22 pièces.

    Très belles épreuves avant et avec la lettre.

336. Incendie d'un corps de garde sur le Pont-Neuf. — Le Roi au Palais de Justice. — Le Roi à l'Assemblée Nationale. 11 pièces gravées, la plupart, par Girardet et Niquet.

    Très belles épreuves avant et avec la lettre.

337. Discours du Roi prononcé le 5 mai 1789, jour où Sa Majesté a fait l'ouverture des États Généraux.

    Placard entouré d'une bordure gravée où, de chaque côté, se voient deux jolis portraits du Roi et de la Reine.
    Rare épreuve imprimée sur satin.

338. Départ des Trois États pour Versailles. — Liste de MM. les députés du Tiers, du Clergé et de la Noblesse de Paris à l'Assemblée Nationale, 7 pièces gravées, la plupart, par Guyot.

    Très belles épreuves en bistre et en couleurs.

339. L'Accomplissement du vœu de la Nation. — Ouverture des États Généraux à Versailles le 5 mai 1789. — Projet d'un monument consacré à la Révolution. 9 pièces par et d'après Moreau, Patas et Monnet.

    Très belles épreuves.

340. Soirée du 30 juin 1789. 3 pièces.

    Très belles épreuves noires et coloriées.

HISTORIQUES (PIÈCES).

341. La première conquête de la Liberté ou la Révolution de 1789. — Convoi du très haut et puissant Seigneur des Abus. 2 grandes pièces allégoriques en largeur, la première est d'après Monsiau.

> Très belles épreuves.

342. Le Prince Lambesc, aux Tuileries. — Les Dames artistes faisant offrande de leurs Joyaux. 2 pièces ovales gravées par Guyot.

> Superbes épreuves imprimées en couleurs, Toutes marges.

343. Vue du Champ de Mars, le 12 Juillet 1789. — La Journée mémorable du mardi 14 Juillet 1789. 2 pièces anonymes.

> Très belles épreuves imprimées en couleurs. Fort rares.

344. Le Peuple parcourant les rues avec des flambeaux; charmante petite pièce dessinée et gravée par Sergent,

> Superbe épreuve, avant toutes lettres, imprimée en couleurs.

345. 1re attaque de la Bastille. — 2° vue de la Bastille. — Vue du Jardin de la Bastille. 3 pièces ovales en largeur.

> Très belles épreuves imprimées en couleurs. Grandes marges.

346. 1re attaque de la Bastille. — 2° vue de la Bastille. — Prise et démolition de la Bastille. 6 pièces, de forme ronde, gravées par Guyot et autres artistes.

> Très belles épreuves imprimées en couleurs.

347. Première attaque et prise de la Bastille. — Prise de la Bastille. — Monument du Despotisme. 3 pièces.

> Très belles épreuves imprimées en couleurs et en bistre.

348. Siège de la Bastille, le 14 Juillet 1789; gravé à la manière du lavis par Germain.

> Très belle épreuve.

349. La prise de la Bastille, par W. Nutter, d'après Singleton.

> Très belle et rare épreuve avant la lettre.

350. Attaque et prise de la Bastille. 7 pièces par Germain et autres artistes.
> Belles épreuves noires et coloriées.

351. Attaque et prise de la Bastille. — Démolition de la Bastille. — Délivrance de M. le Comte de Lorges. — Portrait du marquis de Launay.
> 9 pièces noires et coloriées.

352. Plans et vues de la Bastille. — Vue du cimetière Saint-Paul. — Scène dans l'intérieur de la Bastille. 9 pièces par et d'après Klooger, le citoyen Palloy et autres artistes.
> Épreuves imprimées en couleurs et en noir.

353. L'heure première de la Liberté (sortie des prisonniers de la Bastille). — Projet de l'Étendard de la Liberté à l'imitation de celui des Romains. 2 pièces gravées et dessinées par Carpentier et Laneuville.
> Très belles épreuves.

354. Bal de la Bastille, ici l'on danse.
> Jolie pièce gravée par Le Cœur d'après Swebach-Desfontaines.
> Très belle épreuve imprimée en couleurs. Rare.

355. Prise de la Bastille le 14 Juillet 1789. — Départ de la Milice Bourgeoise pour Versailles le 5 octobre 1789. — Entrée du Roi à Paris le 6 octobre 1789.
> 3 pièces, en largeur « *dessiné sur le lieu par un amateur* (anglais) *distingué* ».
> Très belles et très fraîches épreuves coloriées.

356. Louis XVI et BAILLY, au fond, la vue de la démolition de la Bastille; gravé par Dambrun d'après Moreau.
> Très belle et rare épreuve avant toutes lettres et avant l'inscription sur la draperie fixée à la trompette que tient la Renommée.

357. Le prince Lambesc aux Tuileries. — Prise d'armes aux Invalides à jamais mémorable du 17 Juillet 1789. — Bienfaisance récompensée. — Repas des Gardes du corps à Versailles. — Bravoure des Femmes Pari-

siennes à la Journée du 6 octobre 1789. — Retour des Femmes Parisiennes après l'expédition du 5 octobre. — Portraits de M. de Favras et de sa famille.

<blockquote>15 pièces noires et coloriées.</blockquote>

358. La Journée du 26 Juillet 1789 à Strasbourg. — Proclamation sur le tarif du prix du pain à Strasbourg. — Héroïsme du jeune Desilles à Nancy. — Massacre de la Garde Nationale de Montauban. — La fête de la Fédération à Lille etc. 16 pièces.

<blockquote>Très belles épreuves.</blockquote>

359. Journée du 4 février 1790; dessiné et gravé par David.

<blockquote>Très belle épreuve avant la dédicace.</blockquote>

360. Fédération des départements du Nord, du Pas-de-Calais et de la Somme qui a eu lieu, à Lille, le 6 juin 1790. Banquet civique donné par les Gardes Nationales de Lille, aux troupes de la garnison, les 27 et 28 juin 1790.

<blockquote>2 grandes et intéressantes pièces, en largeur, dessinées et gravées par Albane.
Très belles épreuves en couleurs.</blockquote>

361. Travaux du Champ de Mars, pour la Confédération du 14 juillet 1790, par les citoyens de Paris, Louis XVI y travailla le 9; dessiné et gravé par Sergent.

<blockquote>Deux épreuves dont l'une est imprimée en couleurs. Rares.</blockquote>

362. Vue des travaux du Champ de Mars par les Parisiens, l'an 1er de la Liberté, le 12 juillet 1790.
Vue du Champ de Mars, à l'instant ou le Roi, les Députés à l'Assemblée Nationale et les Fédérés réunis y prononcent le serment civique, le 14 juillet 1790.

<blockquote>2 pièces gravées par un anonyme et par Janinet.
Très belles épreuves, la pièce de Janinet est imprimée en couleurs.</blockquote>

363. Serment fédératif du 14 juillet 1790; gravé par Le Cœur d'après Swebach.

<blockquote>Très belle épreuve imprimée en couleurs.</blockquote>

364. La Fête de la Fédération; très grande estampe anonyme.

<blockquote>Très belle épreuve sans marge. Rare.</blockquote>

365. Plan du Champ de Mars le jour de la Fédération. — Vues générales de la Fédération. 11 pièces.

    Épreuves noires et coloriées.

366. Portraits de MIRABEAU. 7 pièces, in-f°, par et d'après Lelu, De Bréa et Mme Allais.

    Très belles épreuves imprimées en noir et en couleurs.

367. Événements arrivés en 1789 et 1790. — Pièces satiriques et emblématiques. 38 pièces.

    Épreuves noires et coloriées.

368. Barrières des Champs-Élysées, premier may donné à la ville de Paris par l'Assemblée Nationale qui supprime tous les droits d'entrée aux barrières ; gravé par Chapuy.

    Très belle épreuve imprimée en couleurs.

369. Journée du 25 juin 1791 : Le Roi arrivant de Varennes à Paris. Jolie pièce dessinée et gravée à la manière du lavis par Germain.

    Très belle épreuve.

370. Arrestation du roi à Varennes. — La République triomphante. — Liberté. — Égalité. — Fait miraculeux arrivé à Paris le 6 août 1791, etc. 14 pièces.

    Épreuves noires et coloriées.

371. Enjambée de la Sainte famille des Tuileries à Montméry.

    Grande pièce satirique faisant allusion à la fuite de Varennes.
    Très belle épreuve coloriée du temps.

372. Le Ci-devant Grand couvert de Gargantua moderne en famille.

    Grand pièce satirique sur Louis XVI, Marie-Antoinette et la famille Royale.
    Très belle épreuve, coloriée, ayant une grande marge.

373. A la bonne heure chacun son écot. — Fait historique à Avignon. — L'Égout Royal. 4 pièces rares.

    Très belles épreuves imprimées en couleurs et coloriées.

374. La Constitution Française.
>Jolie pièce allégorique dans le goût de Le Cœur.
>Très belle épreuve imprimée en couleurs. Fort rare.

375. Grande arrivée du ci-devant Prince de Condé. — Défaite des contre-Révolutionnaires. — La Foire de Coblentz ou les Grands Fantoccini Français. — La Contre-Révolution. — Ils n'ont pas assez de jambes pour se sauver. — La Correction Républicaine. — Chevaliers du poignard désarmés par l'ordre du roi. 8 grandes pièces.
>Épreuves noires et coloriées.

376. Suppression des ordres religieux. — La discipline patriotique. — Je savais bien que j'aurions notre tour. — Vive le Roi, vive la Nation. — Les deux font la paire, etc. 18 pièces.
>Épreuves coloriées.

377. Le fanatisme corrigé. — Prêtre aristocrate fuyant le serment civique. 2 petites pièces ovales, sur fond rouge, publiées chez Villeneuve.
>Très belles épreuves.

378. Je savais bien que j'aurions notre tour. — Femme fouettée pour avoir craché sur le portrait de M. de Necker. — Châtiment d'un abbé insolent. — Discipline patriotique. — Le soleil au signe du Capricorne. — La brûlure, etc. 18 pièces satiriques.
>Épreuves coloriées.

379. Liberté. — Égalité. 2 pièces, gravées par Janinet, montées en dessins sur une bordure bleue dont l'entourage est gravé.
>Très belles épreuves.

380. Ah! ça va mal. — Le Jeu de l'Empire. — Grand retour du Ministre Linotte. — Recrue patriotique allant à la guerre. — Fuite du Duc d'Orléans. — Grande séance des Jacobins en janvier 1792. — Les braves brigands d'Avignon. 7 pièces curieuses et rares gravées à la manière du lavis.
>Très belles épreuves.

HISTORIQUES (PIÈCES).

381. Le trium-Geusat. — Le Nouveau Calvaire. — Honny soit qui mal y voit. — Les braves brigands d'Avignon. — Les loups ne se mangent point. — La Dévideuse Patriotique. — La Trinité Bourbonnaise. 10 pièces gravées à la manière du lavis.

    Très belles épreuves.

382. Fait historique arrivé à Avignon. — Étrennes aux patriotes. — Grande séance aux Jacobins en 1792. — La voilà en corps et en âme. — Serment civique, etc. 12 pièces.

    Épreuves imprimées en noir et en couleurs.

383. Grand débandement de l'armée anticonstitutionnelle.

    Très belle épreuve d'une pièce, rare, gravée à la manière du lavis.

384. Marie-Thérèse et Marie-Antoinette. — L'Idole renversée. — M. et Mme Bailly. — Philippiques. — Adoration des Patriotes. — Le Général Bender. — Pas de deux entre un Jacobin et un Feuillant. — Fesse-Mathieu. — Cas des assignats chez les Étrangers, etc. 11 petites pièces gravées à la manière du lavis.

    Très belles épreuves.

385. Louis XVI, en pied, coiffé du bonnet rouge et tenant une bouteille à la main, en dessous cette légende : *Nouveau pacte de Louis XVI avec le peuple le 20 juin 1792, l'an 4º de la liberté.*

    Très belle épreuve imprimée en bistre, le bonnet et le grand cordon coloriés en rouge; toute marge. Fort rare.

386. Journée du 20 juin 1792. — Journée du 10 août 1792. — Pompe funèbre en l'honneur des victimes de la Journée du 10 août. 10 pièces d'après Monnet et autres artistes.

    Épreuves noires et coloriées.

387. Officier de chasseurs de la Garde Nationale de Paris, à la prise des Tuileries, le 10 août 1792.

    Grand dessin au crayon noir, relevé de couleurs, attribué à Sergent.

388. Guillotine élevée place du Carrousel le 13 aoust 1792, servant à punir les conspirateurs et ennemis de la patrie. — Machine proposée à l'Assemblée Nationale, pour le supplice des criminels par M. Guillotin. 4 pièces rares.

Épreuves noires et coloriées.

389. Camps formés à Paris, en 1792, pour se mettre à l'abri de l'invasion. — Bataille de Valmy. — Bataille de Jemmapes. 6 pièces.

Épreuves noires et coloriées.

390. La « Sentinelle sur Louis le dernier ».

Très curieux placard daté du 21 novembre, l'an 1ᵉʳ de la République Française : au milieu, une vignette où l'on voit un bras qui passe à travers un mur et trace sur ce mur la légende suivante : *Dieu a calculé ton règne et l'a mis à fin, tu as été mis dans la balance et tu as été trouvé trop léger ;* de l'Imprimerie du Cercle social, *Rue du Théâtre-Français, n° 7.*

Villeneuve a gravé le même sujet. C'est bien probablement ce placard qui lui en a donné l'idée.

391. LE TRAITRE LOUIS XVI. — LA PANTHÈRE AUTRICHIENNE. 2 pièces représentant Louis XVI et Marie-Antoinette, en médaillons, suspendus dans des lanternes.

Très belles épreuves imprimées en bistre. Fort rares.

392. « Matière à réflexion pour les Jongleurs couronnés. »

Le Bourreau dont on ne voit que la main tient la tête de Louis XVI décapité.

Pièce très rare, gravée à la manière du lavis, publiée chez Villeneuve.

Très belle épreuve ayant toute sa marge.

393. LA MÊME COMPOSITION.

Gravée en réduction, la tête de Louis XVI, vue de profil dans l'estampe précédente, est ici vue de face.

Très belle épreuve.

394. Louis XVI à la barre de la Convention. — Madame Élisabeth sortant de la Conciergerie. 2 pièces, faisant pendants, gravées par Vendramini et Schiavonetti, d'après Pellegrini.

Très belles épreuves.

395. Les Derniers adieux de Louis XVI à sa famille. — Réception de Louis Capet aux Enfers. 6 pièces.
>Épreuves noires et coloriées.

396. Exécution de Louis Capet, XVI° du nom, le 21 janvier 1793.
>Grande pièce anonyme en largeur, une des plus authentiques sur l'exécution du Roi, publiée à Paris chez Basset.
>Très belle épreuve ayant toute sa marge. Rare.

397. Exécution de Louis le dernier.
>Curieux dessin à la plume entouré d'une complainte manuscrite.

398. Fils de saint Louis, montez au ciel; grande pièce anonyme, en largeur, fort bien gravée.
>Très belle épreuve.

399. Exécution de Louis XVI, le 21 janvier 1793. — Portraits de Cléry et de l'abbé Edgeworth. 10 pièces.
>Épreuves noires et coloriées.

400. La Prison du Temple. — La Famille royale au Temple. Jugement de Marie-Antoinette d'Autriche au tribunal révolutionnaire. — Fin tragique de Marie-Antoinette. 17 pièces.
>Épreuves noires et coloriées.

401. La Constitution française, gravé par Copia d'après Prud'hon.
>Très belle et rare épreuve avec les noms des artistes à la pointe et avant les inscriptions dans la marge inférieure. Grande marge.

402. Portraits du DAUPHIN et de MARIE-THÉRÈSE-CHARLOTTE, sa sœur. 7 pièces in-8° et in-4°.
>Épreuves noires et coloriées.

403. *The Martyr of Equality* (Le Duc d'Orléans en garde national, tenant à la main la tête de Louis XVI, qui vient d'être décapité). — Arrestation du Duc d'Orléans. — Portraits du DUC D'ORLÉANS. 6 pièces in-8° et in-f°.
>Épreuves noires et coloriées.

404. Joseph Barra, par P. M. Alix d'après Garneray.

    Médaillon ovale reposant sur un cartouche où se voit la scène de sa mort.

    Très belle épreuve imprimée en couleurs. Marge.

405. Le 31 may 1793; grande pièce gravée par Tassaert, d'après l'esquisse de F. J. Harriet.

    Très belle épreuve.

406. La mort du patriote Marat. — Charlotte Corday écrivant à son père. — Portraits de Charlotte Corday. 5 pièces in-8° et in-4°.

    Très belles épreuves imprimées en couleurs et en noir.

407. Différents portraits de Marat. — Marat vainqueur de l'aristocratie. — Mort de Marat. — Tombeau de Marat. — Le Triomphe de Marat dans les enfers. — Inauguration du buste de Marat. 12 pièces gravées par Alix, Mme Allais et autres artistes.

    Très belles épreuves imprimées en couleurs, coloriées et noires.

408. Portrait de Charlotte Corday, médaillon ovale par P. M. Alix.

    Superbe épreuve, avant toutes lettres, imprimée en couleurs.

409. Assassinat de Michel Le Pelletier. — Assassinat de Collot d'Herbois. — Geoffroy arrête Amiral, assassin de Collot d'Herbois. 6 pièces par et d'après Marchand et Brion.

    Très belles épreuves noires et coloriées.

410. Massacres de Lyon ordonnés par Collot d'Herbois. — Arrestation de Cécile Renaud. 2 pièces, faisant pendants, gravées d'après L. Bertaux.

    Belles épreuves coloriées.

411. Monuments nationaux élevés pour la fête de la Fraternité. — Custine et son confesseur. — *Et ne nos inducas in tentationem.* — Société des amis de la Constitution. — Fête de la Déesse Raison. — Triomphe de Voltaire. 8 pièces.

    Épreuves noires et coloriées.

HISTORIQUES (PIÈCES).

412. Le Triumvir Robespierre, par Tassaert.

>Médaillon, ovale, où il est représenté pressant un cœur dont il recueille le sang dans une coupe. In-4°.
>Très belle épreuve avec marge. Fort rare.

413. Bailly. — Michel Le Pelletier. — Huguenin. — Lavoisier. — Pétion. — Camille Desmoulins. — Henriot. — Robespierre, etc. 36 portraits in-4° et in-8°.

>Épreuves imprimées en noir et en couleurs.

414. David, en conventionel.

>Esquisse à l'aquarelle par Raffet, provient de sa vente.

415. Calendrier pour l'an II de la République française.

>Grand placard, publié à Paris chez Basset, entouré de Faisceaux de licteurs et orné, à chaque angle, des portraits de Le Pelletier, Marat, Barra et Chalier.
>Épreuve coloriée. Fort rare.

416. « Compte rendu des sans-culottes de la Déesse française très haute, très puissante et très expéditive, Femme guillotine, Dame du Carrousel, de la Place de la Révolution, de la Grève et autres lieux... »

>Épreuve coloriée d'un très curieux et lugubre placard décoré d'un bonnet phrygien et d'un triangle égalitaire. Excessivement rare.

417. « Unité et indivisibilité de la République. Liberté, Égalité ou la mort. »

>3 placards, ornés de bonnets phrygiens et de drapeaux, publiés à Paris chez Basset.
>Épreuves coloriées.

418. Morceau d'un papier de tenture avec emblèmes révolutionnaires.

419. Révolution de France. — Déclaration des droits de l'homme et du citoyen. — Le Triomphe de la République. — A la nation française les protestants reconnaissants. 5 pièces.

>Très belles épreuves noires et coloriées.

420. Le Neuf Thermidor an II. — Exécution de Robespierre et de ses complices. — Acte de justice du 9 au 10 Thermidor. — L'Égalité triomphante ou le Triumvirat puni. 6 pièces.

>Épreuves noires et coloriées.

421. La Nuit du 9 au 10 Thermidor an II.

> Grande et belle pièce, en largeur, gravée par Tassaert, d'après Harriet.
> Très belle épreuve imprimée en couleurs. Fort rare en cet état.

422. L'Intérieur du Comité révolutionnaire. — Comité de l'an deuxième. 2 pièces.

> Très belles épreuves.

423. Vue du Champ de Mars, le 20 prairial, l'an 2ᵉ de la République. 5 pièces publiées chez Chereau et chez Mᵐᵉ Jean.

> Épreuves noires et coloriées.

424. Nouveau Calendrier de la République française, en deux feuilles; dessiné et gravé par Queverdo.

> Très belles épreuves.

425. Carte d'électeur pour la Convention. — Carte de sûreté. — Carte d'entrée aux assemblées. — Carte des Jacobins. — En têtes des lettres de la commission du commerce. — Du Régiment des Dromadaires. — Congé absolu, etc.

> 10 pièces rares.

426. Arrivée sur le territoire de Basle, de la princesse Marie-Charlotte. — Le Culte naturel. — La Fête de la vieillesse. — Journée du XIII vendémiaire. — Journée du 1ᵉʳ Prairial. — Tableau des papiers et monnaies, etc. 19 pièces.

> Épreuves noires et coloriées.

427. Costumes des Représentants du Peuple. — Costumes des Membres du Directoire. 10 pièces, la plupart d'après les dessins de David.

> Épreuves noires et coloriées.

428. MARIE-THÉRÈSE-CHARLOTTE DE FRANCE, fille du ro Louis XVI, par Sergent.

> Très beau portrait, in-4°, publié à l'occasion du passage de cette princesse à Bâle, le 26 décembre 1795.
> Superbe épreuve imprimée en couleurs.

HISTORIQUES (PIÈCES). 53

429. La Galerie historique, ou tableaux des événements de la Révolution française.

 128 petits médaillons ronds, imprimés sur 8 planches, fort bien gravés par Maillart et Jacowick d'après Chataignier, où tous les événements importants de la Révolution, depuis l'Assemblée des notables, 7 octobre 1788, jusqu'à la Pacification de la Vendée, 2 avril 1795, sont représentés.
 Suite très rare à trouver complète.

430. Portrait de Chenard. — Prison des Madelonettes. — Colère du Père Duchesne. — Les Formes acerbes, etc. 27 pièces.

 Épreuves noires et coloriées.

431. Vue des 40 Jours d'incendie des habitations de la plaine du Cap français, arrivé le 23 août 1795.
Vue de l'incendie de la ville du Cap français, arrivé le 21 juin 1795.

 2 grandes pièces, en largeur, gravées par Chapuy d'après Bocquet.
 Très belles épreuves imprimées en couleurs.

432. Le Culte naturel (cérémonie des Théophilanthropes dans l'Église Notre-Dame). — Le Directeur Réveillère, Pape des Théophilanthropes. 2 pièces.

 Très belles épreuves.

433. Journée du 1ᵉʳ Prairial de l'an III. — La Fête de l'alliance entre les Républiques française et batave.
4 pièces.

 Très belles épreuves, une est à l'état d'eau-forte.

434. Mariage Républicain. — Le Divorce. 2 pièces faisant pendants gravées, à la manière du lavis, par Legrand.

 Très belles épreuves imprimées en couleurs.

435. Mort de Marceau. — Pacification de la Vendée. — Cérémonie funèbre en l'honneur de Hoche. — Campagnes d'Italie. 20 pièces.

 Épreuves avant et avec la lettre, noires et coloriées.

436. Journée du 18 Fructidor de l'an V. — Le Secret dévoilé (Rastadt). — Siège de Mantoue. — Révolte du Caire. — Entrée des troupes françaises à Florence. — Vue de l'Hospice du Saint-Bernard, etc. 12 pièces.

 Épreuves noires et coloriées.

437. Costumes militaires. 35 pièces in-8° et in-4°.

> Très belles épreuves coloriées.

438. Paul Barras, en pied, gravé par Tardieu d'après Hilaire Le Dru. Grand in-f°.

> Très belle épreuve, en couleurs, lettres grises.

439. Marceau (Le général), en pied, en costume de hussard ; dessiné et gravé par Sergent Marceau, son beau-frère, an VII. Grand in-f°.

> Très belle épreuve en couleurs ; marge. Très rare.

440. Augereau, Moreau, Bonaparte, Masséna et Berthier, sur la même feuille. — Bonaparte, premier Consul. — Kléber. 3 pièces rares.

> Épreuves coloriées.

441. *The Glorious Victory obtained over the French by the British Fleet... on the first on June 1794.*
Représentation of the Defeat of a Squadron of French Schips... by a Squadron of English Schips of bay Abukyr on the 1er August 1798.

> Deux pièces, faisant pendants, gravées par F. Weber.
> Très belles épreuves coloriées. Rares.

442. Audience publique du Directoire ; dessiné d'après nature par Chataignier.

> Très belle épreuve en couleurs.

443. Lucien Bonaparte en pied. In-f°.

> Très belle épreuve avant toutes lettres ; coloriée.

444. Hoche. — Pichegru. — Brune. 4 portraits, in-f°, dont deux gravés à la manière noire par et d'après Hodges.

> Très belles épreuves noires et coloriées.

445. Desaix. — Kléber. 2 portraits en pied gravés par Dutertre d'après lui-même.

> Très belles épreuves coloriées.

446. Le Général Buonaparte par Alix d'après Appiani.

> Médaillon, ovale in-f°, où il est représenté tête nue.
> Très belle épreuve imprimée en couleurs. Très rare.

HISTORIQUES (PIÈCES). 55

447. BONAPARTE à cheval; petit médaillon, in-8° ovale, gravé par Benoist.

 Très belle épreuve avant toutes lettres.

448. BONAPARTE à Arcole. — Bonaparte de profil à droite, médaillon ovale sur la tablette duquel on lit les lettres V. I. R. — Éventail décoré du portrait de Bonaparte. 3 pièces.

 Très belles épreuves.

449. LE TOURNEUR, gravé par P. M. Alix. In-f°.

 Représenté en costume de Directeur, coiffé d'un large chapeau empanaché de plumes tricolores.
 Superbe épreuve imprimée en couleurs. Rare.

Consulat et Empire.

450. CAMBACÉRÈS, BONAPARTE et LEBRUN, sur une même feuille, gravé par Alix, d'après Van Gorp.

 Médaillon, ovale, reposant sur un cartouche représentant la scène où Barthélemy, président du Sénat conservateur, présente au Premier Consul l'acte constitutif qui fixe le Consulat à vie.
 Très belle épreuve imprimée en couleurs. Petite marge.

451. BONAPARTE, en pied dans son cabinet; gravé à la manière noire par Dikinson d'après Gros. Grand in-f°.

 Très belle épreuve. Rognée au trait carré et remargée.

452. Vue perspective de l'Intérieur de la salle des Anciens, entourée des costumes des Représentants du peuple Français et Fonctionnaires publics.

 Très belle épreuve coloriée. Rare.

453. Journée du 18 Brumaire. 3 pièces, dont une très grande, en largeur, gravée d'après Cipriani.

 Très belle épreuve.

454. Montée du Grand Saint-Bernard par l'Armée Française de réserve du côté du Valais, sous les ordres du Premier Consul Bonaparte, Berthier général en chef.

 Passage du Grand Saint-Bernard par l'Armée Française de réserve commandée par le Général en chef Alex. Berthier, sous les ordres de Bonaparte, Premier Consul.

> 2 grandes pièces gravées par Alix et Aubertin d'après Gauthier.
> Très belles épreuves coloriées. Fort rares.

455. Vue des ouvrages de Peinture des Artistes vivants exposés au Museum Central des Arts en l'an VIII de la R. F. — Vue des ouvrages de Peinture exposés au Museum Central des Arts en l'an IX. — Vue de la Cour du Louvre prise pendant l'Exposition des Produits de l'Industrie Française dans les jours complémentaires de l'an IX.

> 5 pièces gravées par Monsaldy, Devisme et Baltard.
> Très belles épreuves, une d'elles est à l'état d'eau-forte. Rares.

456. Fête donnée par le Général Berthier, ministre de la guerre à l'occasion de la paix entre la République Française, l'Empereur et le Corps Germanique dans son Hôtel et dans ses Jardins à Paris, le 2 Germinal an IX.

> 2 très grandes et très belles pièces, faisant pendants, gravées par Piranesi.
> Très belles épreuves très soigneusement coloriées. Fort rares.

457. Convention entre la République Française et les États d'Amérique, signée à Mortefontaine, le onze vendémiaire an IX, 3 octobre 1800.

Fête donnée par le Général Berthier, ministre de la guerre, à l'occasion de la paix entre la République Française, l'Empereur et le Corps germanique dans son Hôtel et dans ses Jardins, à Paris, le 2 germinal an IX.

> 2 très grandes pièces gravées au trait par Barberi et Piranesi.
> Très belles épreuves coloriées, la dernière ne l'est qu'en partie.

458. Fête pour la paix générale donnée à Paris, le 18 brumaire an X :

Illuminations du Pont et de la Place de la Concorde.
Illuminations des quays et du Pont des Tuileries.

> Deux grandes et intéressantes pièces gravées par Piranesi.
> Très belles épreuves très soigneusement coloriées sur trait. Rares.

HISTORIQUES (PIÈCES).

459. Fêtes du 14 Juillet an IX et du 1ᵉʳ vendémiaire an X. 6 pièces.
>Épreuves noires et coloriées.

460. BONAPARTE, premier Consul, remettant l'épée dans le fourreau après la Paix générale; dessiné et gravé par Chataignier. Petit in-f°.
>Très belle épreuve en couleurs.

461. Vue de la Grande Parade passée par le Premier Consul dans la cour des Tuileries. — Rétablissement du culte. — Deuxième conciliabule des vénérables Pères communicants. — Attentat de la rue Saint-Nicaise. — Portrait et arrestation de G. Cadoudal. — Arrestation de Pichegru. 10 pièces.
>Épreuves noires et coloriées.

462. Le Triomphe de la Religion en France, sur l'athéisme révolutionnaire; grande pièce allégorique gravée par Morret d'après Monnet.
>Très belle épreuve en couleurs.

463. Entrée de Napoléon le Grand et son auguste épouse dans la ville d'Anvers, le 18 juillet l'an 1803, par Van den Berghe, d'après l'esquisse de Van Brie.
>Grande pièce en largeur.
>Très belle épreuve. Fort rare.

464. Fête du sacre et du couronnement de Leurs Majestés Impériales, 3 décembre 1804; gravé par Marchand d'après Le Cœur.
>Très belle épreuve en couleurs. Toute marge.

465. Vue du cortège de Sa Majesté Napoléon Iᵉʳ passant devant le Palais du Tribunat. — Vue de la Grande parade donnée par l'Empereur dans la cour des Tuileries. — Napoléon Iᵉʳ, empereur des Français, distribue les étoiles de la Légion d'honneur. — Napoléon reçoit dans son bivouac l'empereur François II après la bataille d'Austerlitz. — Colin court (allusion à l'arrestation du duc d'Enghien), etc. 7 pièces.
>Épreuves noires et coloriées.

466. Alexandre Ier, empereur de Russie, en pied, 1807; dessiné et gravé par Debucourt.

    Belle épreuve imprimée mi-partie en couleurs, mi-partie coloriée.

467. Les Drapeaux du 75e de ligne, retrouvés à Inspruck. — Clémence de Napoléon. — Entrevue de LL. Majestés sur le Niémen. — Le Triomphe de Napoléon. 9 pièces.

    Épreuves noires et coloriées.

468. Napoléon le Grand ouvre la campagne de 1809.

    Très grande et belle pièce, en largeur, dessinée et gravée par Rugendas.
    Très belle épreuve en couleurs. Fort rare.

469. Sa Majesté NAPOLÉON Ier, empereur des Français. — S. M. MARIE-LOUISE, impératrice des Français.

    2 portraits équestres, faisant pendants, publiés à Paris chez Basset.
    Épreuves coloriées.

470. S. M. le roi de Rome. — Promenade de S. M. le roi de Rome. — Le duc de Reichstadt sur son lit de mort. 4 pièces.

    Épreuves noires et coloriées.

471. Chasse aux cerfs donnée en l'honneur de Leurs Majestés les Empereurs Alexandre et Napoléon, le 6 octobre 1808. — Mariage de Napoléon et Marie-Louise. — L'heureux fruit d'un auguste hymen. 6 pièces

    Très belles épreuves noires et coloriées.

472. Cérémonies du sacre de Napoléon et de Marie-Louise. 9 pièces d'après Isabey.

    Très belles épreuves avant la lettre.

473. Vue de l'Arc de Triomphe de l'Étoile et du Bouquet du feu d'artifice tiré le 20 avril 1810, pour le mariage de L. L. M. M. I. I. et R. R.; dessiné et gravé par Debucourt.

    2 très belles épreuves en noir et en couleurs. Sans marges.

HISTORIQUES (PIÈCES).

474. Madame de TALLEYRAND-PÉRIGORD, duchesse de BÉNÉVENT, en pied ; gravé à la manière noire par W. Dikinson d'après Gérard. Grand in-f°.

> Très belle épreuve.

475. Leurs Majestés Impériales et Royales traversant la Grande Galerie du Louvre après les fêtes du couronnement. Gravé par Reinhold d'après Zix.

> Deux très belles épreuves avant toutes lettres, noire et coloriée.

476. Inauguration d'un bassin dans le port de Cherbourg, le 27 août 1813, par Sa Majesté l'Impératrice et Reine régente ; gravé par Pringer d'après le dessin fait d'après nature par Isabey.

> Très belle épreuve portant le cachet d'Isabey.

477. *Precipitate flight of the French through Leipzig, 19 october 1813. — Grand Entry of the Allied sovereigns into Leipzig, 19 October 1813. — Ceremonie of te Deum by the Allied Armies on the Square of Louis XV at Paris, 10 april 1814.* 3 pièces d'après Spot et Moreau.

> Très belles épreuves coloriées. Rares.

478. Entrée des Puissances alliées dans Paris par la Porte Saint-Martin le 31 mars 1814. — Entrée solennelle de S. M. Louis XVIII dans Paris par la porte Saint-Denis, le 3 mai 1814.

> 2 pièces, faisant pendants, gravées par Alix et Levachez d'après Pécheux.
> Très belles épreuves en couleurs. Toutes marges.

479. Entrée des Puissances alliées dans Paris par la Porte Saint-Martin, le 31 mars 1814. — Entrée du Roi dans Paris, le 4 mai 1814. — Réception de S. M. Louis XVIII à l'Hôtel de ville de Paris, par le corps municipal, le 29 août 1814. 5 pièces par divers graveurs.

> Très belles épreuves noires et coloriées.

480. Arrivée de Monsieur le comte d'Artois à Notre-Dame, le 4 avril 1814. — Cérémonie du 4 avril 1814 sur la

Place Louis XV. — Entrée de Louis XVIII à Paris, le 3 mai 1814. — Départ du Roi, le 20 mars 1815. 8 pièces par divers graveurs.

>Très belles épreuves, une d'elles est à l'état d'eau-forte.

481. Descente de la statue de Napoléon de la colonne triomphale, sur la place Vendôme à Paris, le 8 avril 1814. Grande pièce, en largeur, d'après G. Opiz.

>Très belle épreuve en couleurs.

482. Bivouac des Cosaques aux Champs-Élysées, 31 mars 1814 ; gravé par Jazet d'après Sauerweid.

>Très belle épreuve imprimée en couleurs.

483. La même estampe.

>Très belle épreuve imprimée en noir.

484. Le Départ de Napoléon pour l'île d'Elbe, le 20 avril 1814. — Arrivée de l'Empereur Napoléon à l'île d'Elbe. — Débarquement de Napoléon à la baie de Juan, près d'Antibes, le 28 février 1815. 3 pièces publiées, à Vienne, chez Artaria.

>Très belles épreuves coloriées. Toutes marges.

485. Les Aigles brûlés. — S. M. l'Empereur passant en revue les Fédérés des Faubourgs de Paris. 2 pièces.

>Très belles épreuves en couleurs.

486. Bataille de Waterloo ; très grande estampe, en largeur, d'après Lagendyck.

>Très belle et très rare épreuve, avant toutes lettres, coloriée du temps ; quelques déchirures.

487. Bataille de Leipzig. — Mort du maréchal Berthier. — Entrée des souverains alliés à Moscou. — Retraite de Russie. — Bataille de Waterloo. — Convoi de Napoléon à Sainte-Hélène. 9 pièces.

>Épreuves noires et coloriées.

488. La Barque à Caron, fragment du Jugement dernier d'après Michel-Ange (les têtes des damnés ont été remplacées par celles de l'Empereur et des Person-

nages marquants de sa cour). — Parodie de la Justice poursuivant le Crime. — Caricatures sur l'Empereur. 8 pièces.

Épreuves noires et coloriées.

Restauration et Gouvernement de Juillet.

489. Retour du Roi dans sa capitale le 8 juillet 1815. — Fête du Roi, soirée des Tuileries du 25 août 1815. — Nous avons notre père de Gand ou une soirée des Tuileries en juillet 1815. — Bénédiction des drapeaux au Champ de Mars. 7 pièces par divers graveurs.

Très belles épreuves noires et coloriées.

490. Louis XVIII. — Charles X. — La Duchesse de Berry. — La Duchesse d'Angoulême. 7 portraits in-f° par Isabey, Jazet, Caron et une aquarelle par Pasquier.

Très belles épreuves imprimées en noir et en couleurs.

491. Arrivée à Paris le 29 mars du bateau à vapeur l'Élèse. — Les Prétendants. — Le Suisside libéral. — S. M. Louis XVIII posant la première pierre du piédestal de la statue de Henri IV. — Ah! qu'on est fier d'être Français quand on regarde la colonne. — Translation à Saint-Denis des corps de Louis XVI et de Marie-Antoinette. 7 pièces.

Épreuves coloriées.

492. Enthousiasme des Français pour Henri IV. — École d'enseignement mutuel à Metz. — Le Sergent Mercier refusant d'arrêter le député Manuel. — Arrivée à Bordeaux de la Duchesse de Berry. — Assassinat du Duc de Berry. — Naissance du Duc de Bordeaux, etc. 30 pièces gravées et lithographiées.

Épreuves noires et coloriées.

493. Croquis faits d'après nature dans Paris, pendant les journées des 27, 28 et 29 juillet 1830; suite de quatre pièces lithographiées par E. Lami.

Très belles épreuves.

494. Combat de la rue Saint-Antoine, 28 juillet. — Le Pont d'Arcole, 28 juillet. — Prise du Palais Royal. 29 juillet. — Le Peuple à la caserne des gendarmes ; suite de quatre lithographies par Charlet et Jaime.

Très belles épreuves.

495. Journées de juillet 1830. — Souvenirs patriotiques. — Croquis de circonstance. 38 pièces lithographiées par Charlet, E. Lami, Raffet et autres artistes.

Très belles épreuves.

496. Le Duc d'Orléans se rend à l'Hôtel de Ville, journée du 31 juillet 1830, par Jazet. Grande estampe, en largeur.

Superbe épreuve avant toutes lettres.

497. Journées de juillet 1830.

35 pièces gravées et lithographiées.

498. ODILON BARROT. — LAFAYETTE. — DE PUYRAVEAU. — M^{al} GÉRARD. — COMTE PAJOL. — DUC D'ORLÉANS. — Journées de juillet 1830.

70 pièces gravées et lithographiées.

499. Revue de la Garde Nationale, 28 juillet 1835 ; la scène est prise au moment de l'attentat de Fieschi.

Grande pièce, en largeur, gravée par Girardet d'après E. Lami.
Très belle épreuve très finement coloriée. Fort rare.

500. Portraits de Louis-Philippe et des membres de la Famille Royale. — Attentat de Fieschi. — Mort du Duc d'Orléans.

38 pièces gravées et lithographiées.

501. Journées de février 1848. — Le 15 mai 1848.

11 lithographies.

502. Journées de juin 1848. — Caricatures sur le Roi et la Famille Royale.

120 pièces lithographiées.

HOGARTH (D'après W.)

503. Le Mariage à la mode ; suite de 6 pièces gravées par Baron, Scotin et Ravenet.

Très belles épreuves.

504. *Before — After*. Deux pièces faisant pendants.
>Très belles épreuves.

HUET (D'après J. B.)

505. L'Amant écouté, par Bonnet.
>Très belle épreuve imprimée en couleurs. Sans marge et montée en dessin.

506. L'Amant pressant, par A. Legrand.
>Très belle épreuve imprimée en couleurs.

507. Le Départ des Champs, par Jubier.
>Très belle épreuve imprimée en couleurs.

508. La Jarretière, par Bonnet.
>Très belle épreuve imprimée en couleurs.

509. Le Goûter champêtre, par Jubier.
>Très belle épreuve imprimée en couleurs. Sans marge.

510. La Petite attaque ou la petite Bastille. — La Bastille détruite ou la petite Victoire. 2 pièces, faisant pendants, gravées par Bonnet.
>Très belles épreuves imprimées en couleurs. Toutes marges.

511. Pastorales, par Demarteau. Nos 603 et 606.
>Deux très jolies pièces faisant pendants.
>Très belles épreuves imprimées en couleurs.

512. L'Amour fait offrande de son cœur à Vénus, par Bonnet.
>Très belle épreuve imprimée en couleurs.

513. Offrande présentée par l'Amour à la fidélité, par Bonnet.
>Superbe épreuve imprimée en [couleurs. Sans marges sur les côtés.

514. L'Amour offrant des présents à Ariane, par Bonnet.
>Très belle épreuve imprimée en couleurs. Sans marge.

ISABEY (D'après J. B.)

515. L'Impératrice Joséphine, par Monsaldy. In-4°.
>Superbe et très rare épreuve imprimée en couleurs. Toute marge.

ISABEY (D'APRÈS J.-B.)

516. MADAME DUGAZON, du théâtre de l'Opéra-Comique, par Monsaldy.
> Médaillon in-4° ovale.
> Très belle et très rare épreuve, avant toutes lettres imprimée en couleurs. Toute marge.

517. Madame D'ARJUZON, lithographie par Schmidt, 1821.
> Très belle épreuve en couleurs.

518. La Barque d'Isabey; très grande pièce, en largeur, gravée par Aubertin.
> Isabey et sa famille sur le lac d'Enghien.
> Très belle épreuve ayant toute sa marge.

JANINET (F.)

519. Nina, d'après Hoin, 1789.
> Portrait de Mme Dugazon dans le rôle de Nina ou la Folle par amour, opéra-comique de Dalayrac.
> Très belle épreuve imprimée en couleurs.

520. L'Ingénue, d'après Moreau le jeune.
> Très belle épreuve, imprimée en couleurs, légèrement rognée et montée en dessin; au-dessous, écrits à l'encre, la musique et les couplets accompagnant cette pièce dans les Chansons de La Borde.
> Extrêmement rare.

521. Projet de monument à ériger pour le Roi, d'après de Varennes; dessiné par Moreau le jeune, 1790.
> Très belle épreuve imprimée en couleurs.

522. La Noce de village. — Le Repas des Moissonneurs, d'après Wille fils. 2 pièces faisant pendants.
> Très belles épreuves imprimées en couleurs. Doublées, sans marges et montées en dessins.

523. Villa Madame. — Villa Sachetti. 2 pièces gravées d'après H. Robert.
> Très belles épreuves imprimées en couleurs.

524. Colonnade et Jardins du Palais Médicis, d'après H. Robert.
> Très belle épreuve imprimée en couleurs. Sans marge et montée en dessin.

525. Les trois Grâces, d'après Pellegrini.
> Très belle épreuve, avant la lettre et avant la guirlande de fleurs, imprimée en couleurs.

526. La Toilette de Vénus, d'après Boucher.

Superbe épreuve, imprimée en couleurs, tirée avant que l'Amour qui joue avec les cheveux de Vénus ait été supprimé. Remargée au trait carré.

JAZET (J. P. M.)

527. La Promenade du Jardin Turc, d'après J. J. de B^z (De Betz).

Très belle épreuve, imprimée en couleurs, ayant quelques légers rehauts.

JEUX (Pièces sur les)

528. Nouveau jeu Impérial de l'Aigle. — Jeu des Théâtres. — Jeu des Ecoliers. — Nouveau jeu militaire dédié au Héros de l'Empire Français. — Le Jeu de l'Amour et de l'Hyménée. — Le Jeu de la Chouette, etc.

29 pièces ayant, presque toutes, la disposition adoptée du Jeu de l'Oye.
Épreuves noires et coloriées.

LANCRET (D'après N.)

529. Les Ages de la vie; suite de quatre pièces, en largeur, gravées par De Larmessin (E. B. 1, 28, 45, et 86).

Très belles épreuves, la vieillesse, la seule pièce de la suite où il y ait des différences, est avec l'adresse de De Larmessin, laquelle fut, plus tard, remplacée par celle de Gaillard.

530. Mademoiselle Camargo, esquissant un pas de danse, par L. Cars (17).

Très belle épreuve avec les 1res adresses, celles de l'auteur et de la veuve Chereau. Sans marge sur les côtés.

531. Grandval, par Ph. Le Bas (38).

Très belle épreuve.

532. Le Repas Italien, par Ph. Le Bas (70).

Très belle épreuve ayant une grande marge.

533. Mademoiselle Sallé dansant, par N. De Larmessin (72).

Très belle épreuve avec les 1res adresses, celles de l'auteur et de la Vve Chereau.

LAWREINCE (D'après N.)

534. L'accident imprévu. — La Sentinelle en défaut par Darcis (E. B. 1 et 58).
>Deux pièces faisant pendants.
>Très belles épreuves avec la première adresse, celle de Tresca, imprimées en bistre.

535. Ah! laisse-moi donc voir, par Janinet (2).
>Très belle et rare épreuve avant toutes lettres.

536. L'Assemblée au concert. — L'Assemblée au salon (5 et 6).
>Deux pièces, faisant pendants, gravées par Dequevauviller.
>Très belles et rares épreuves avant les dédicaces.

537. La Balançoire mystérieuse. — Les Nymphes scrupuleuses (9 et 42).
>2 pièces, faisant pendants, gravées par Vidal.
>Très belles épreuves avant toutes lettres, la première pièce est avant le flot et la seconde avant la guirlande, cette dernière est doublée.

538. Le Billet doux, par N. de Launay (E. B. 10).
>Très belle épreuve avant la lettre, seulement les noms des artistes gravés au burin et le titre, *Le Billet doux*, tracé en petites capitales grises, au-dessus des armes. Très grande marge.

539. La Comparaison, par Janinet.
>Superbe et très fraîche épreuve imprimée en couleurs; grande marge. Rare de cette qualité.

540. La Consolation de l'Absence, par N. de Launay (14).
>Superbe épreuve ayant toute sa marge. Très rare de cette qualité.

541. Ah! le joli petit chien, par Janinet (27).
>Très belle épreuve imprimée en couleurs.

542. L'heureux moment, par N. De Launay (28).
>Très belle épreuve avant que le mot *chez*, dans l'adresse, ait été écrit *chés*. Marge.

543. L'Innocence en danger, par Caquet (31).
>Très belle épreuve ayant toute sa marge.

544. L'Indiscrétion, par Janinet (38).
>   Superbe épreuve imprimée en couleurs, marge. Rare de cette qualité.

545. Le Mercure de France, par Guttenberg (38).
>   Très belle épreuve avec la première adresse, celle du graveur, laquelle fut, par la suite, remplacée par celle de Depeuille.

546. *Mrs Merteuil and Miss Cecile Volange*, par A. Girard (39).
>   Très belle et rare épreuve imprimée en couleurs.

547. L'Ouvrière en dentelle (45).
>   Très belle épreuve imprimée en couleurs. Fort rare.

548. La Partie de musique, par V. Langlois (46).
>   Très belle épreuve.

549. Qu'en dit l'Abbé, par N. de Launay (51).
>   Très belle épreuve avant que, dans l'inscription, la qualité de *Graveur* DU *roi de France* ait été remplacée par celle de *Graveur* DES *rois de France*.

550. Le Retour trop précipité, par Pierron (54).
>   Très belle épreuve coupée au trait carré.

551. Le Roman dangereux, par Helman (56).
>   Très belle épreuve.

552. Les Soins mérités, par R. de Launay (60).
>   Superbe épreuve. Toute marge.

553. *Valmont and Emilie*, par R. Girard (62).
>   Très belle épreuve, imprimée en couleurs, avec la première inscription. Rare.

554. Le Joli chien, par Chapuy (app. 4).
>   Superbe et rare épreuve, imprimée en couleurs du 1er état : avant qu'un second petit chien ait été ajouté au premier. Sans marge.

555. *The Green plot.* — *The Grove.* 2 pièces anonymes faisant pendants (ap. 10).
>   Belles épreuves des réimpressions.

556. Une jeune femme est surprise dans un parc par un jaloux, qui l'observe au travers du feuillage, au moment où elle s'empare de papiers épars sur le socle d'une statue.

Pièce anonyme non entièrement terminée.

Très belle épreuve, imprimée en bistre, ayant toute sa marge.

LAWRENCE (D'après sir Th.)

557. *Elisabeth, Duchess of Devonshire*, gravé en fac-simile de dessin, par Lewis. In-f°.

Très belle épreuve ayant une très grande marge.

558. *The Lady Georgiana Gordon*, gravé en fac-simile de dessin par Lewis. In-f°.

Très belle épreuve d'une pièce qui n'a pas été mise dans le commerce. Marge.

559. Le Cardinal Consalvi, secrétaire d'Etat de Pie VII, par J. Lewis. In-f°.

Très belle épreuve avant la lettre.

560. *Lady Grosvenor*, gravé à la manière noire par C. Turner.

Très belle épreuve. Toute marge.

561. *Innocence.* — *Lady Walscourt*, par Philipps. 2 pièces.

Très belles épreuves, la première pièce est avant toutes lettres.

LE BARBIER (D'après L.)

562. Vues des jardins de la Villa Aldobrandini à Rome. — Vue des Ruines du Campo-Vacino à Rome. 2 pièces, faisant pendants, gravées par Mme Allais.

Très belles épreuves imprimées en couleurs.

LE CLERC (D'après)

563. Le Bon logis. — A beau cacher. 2 pièces, faisant pendants, gravées par L. Bonnet.

Très belles épreuves imprimées à la sanguine.

LEPÈRE

564. Un enterrement dans le pays vendéen (S. B. 126).

    Deux très belles épreuves, une du premier état et l'autre de remarque sur parchemin.

LE PRINCE (D'après J.-B.)

565. Les Modèles, par De Longueil.

    Très belle épreuve avant toutes lettres.

MACHY (D'après De)

566. Inauguration de la Statue de Louis XV, sur la place du même nom ; gravé par Hémery.

    Très belle épreuve avant la lettre ; piqûres d'humidité.

MALLET (D'après J.-B.)

567. Chit! Chit! — Par ici.

    Deux fort jolies petites pièces, faisant pendants, gravées par Copia.
    Très belles épreuves, en couleurs, avant toutes lettres seulement les noms des artistes tracés à la pointe.

568. Les Mêmes estampes.

    Très belles épreuves.

MARILLIER (D'après P. C.)

569. Les Désirs réciproques. — Les Regrets inutiles. 2 pièces, faisant pendants, gravées par Mme Chevery.

    Très belles et rares épreuves avant la lettre, la première pièce a une grande marge.

MARTINI (P.-A.)

570. Coup d'œil exact de l'arrangement des Peintures au Salon du Louvre en 1785. — Exposition au Salon du Louvre en 1787, 2 pièces.

    Très belles épreuves avec une légende, manuscrite, donnant les noms des peintres et la désignation de tous les tableaux exposés.

571. *The exhibition of the Royal Academy, 1787. — Portraits of their Majesty's et the Royal Family wiewing the exhibition of the Royal Academy, 1789.* 2 pièces faisant pendants.

    Très belles épreuves tirées en bistre.

MASON (D'après W.)

572. *His Majesty reviewing his troops on Black Heath*, par P. Pollard, 1787.

    Grande pièce, en largeur, des plus intéressantes comme costumes.
    Très belle épreuve. Rare.

MERYON (C.)

573. Saint-Étienne-du-Mont (L. D. 30).

    Très belle épreuve avant la lettre, mais avec les bras de l'ouvrier regravés et écartés de la tête. Toute marge.

574. Le Pont Neuf (33).

    Très belle épreuve avec les vers effacés, mais encore avant le titre, avec la cheminée de la Monnaie et avant que les maisons du fond aient été regravées très réduites. Toute marge.

575. Le Pont au Change (34).

    Très belle épreuve avec le titre, mais avant que les corbeaux aient été effacés et remplacés par plusieurs petits ballons. Toute marge.

576. La Morgue (36).

    Très belle épreuve avant la lettre, mais avec le nom et l'adresse de Meryon ainsi que la date. Toute marge.

577. Passerelle du Pont au Change. — Partie de la Cité de Paris vers la fin du xviie siècle. — La Pompe Notre-Dame. — La Morgue. — Saint-Étienne-du-Mont. — Collège Henri IV. 6 pièces.

    Très belles épreuves.

MOITTE (D'après P.-E.)

578. Le Consommé, par Deny.

    Très belle épreuve.

MOREAU (Par et d'après J.-M.)

579. La Place Louis XV (204).
   Très belle épreuve avant le numéro et avant la retouche.

580. Répertoire de Fontainebleau, par N. Ponce (236).
   Très belle épreuve avant les inscriptions topographiques, sur la tablette, donnant le millésime de l'année et le titre des pièces qui devaient être représentées devant le Roi.

581. Exemple d'humanité donné par Mme la Dauphine, le 16 octobre 1773; gravé par Godefroy (244).
   Très belle épreuve.

582. Décoration du Sacre de Louis XVI, roi de France et de Navarre, à Reims, le 11 juin 1775 (254).
   Très belle épreuve ayant toute sa marge.

583. Le Couronnement de Voltaire, par Gaucher (262).
   Très belle et rare épreuve avant les armes et la dédicace à Mme la marquise de Villette. Très grande marge.

584. La Déclaration de la Grossesse, par P. A. Martini (1348).
   Très belle épreuve avec le privilège. Grande marge.

585. Les Précautions, par P.-A. Martini (1349).
   Très belle épreuve avec le privilège. Marge du cuivre.

586. N'ayez pas peur, ma bonne amie, par Helman (1349).
   Très belle épreuve avec le privilège. Grande marge.

587. Les Délices de la Maternité, par Helman (1354).
   Très belle épreuve avec le privilège. Toute marge.

588. Les petits parrains, par C. Bacquoy et Patas (1353).
   Très belle épreuve avec le privilège. Marge du cuivre.

589. L'Accord parfait, par Helman (1355).
   Très belle épreuve avec le privilège. Toute marge.

590. Le Rendez-vous pour Marly, par Guttenberg (1356.)
   Très belle épreuve avec le privilège. Grande marge.

591. Les Adieux, par N. De Launay (1357).
> Très belle épreuve. Petite marge.

592. La Rencontre au bois de Boulogne, par Guttenberg (1358).
> Très belle épreuve avec le privilège. Marge du cuivre.

593. La Dame du Palais de la Reine, par P. A. Martini (1359).
> Très belle épreuve. Grande marge.

594. La Partie de Wisch, par J. Dambrun (1365).
> Très belle épreuve avec le privilège. Grande marge.

595. Oui ou non, par N. Thomas, 1781 (1366).
> Très belle épreuve avec le privilège. Grande marge.

596. La Sortie de l'Opera par Malbeste (1369).
> Très belle épreuve avec le privilège. Grande marge.

597. La Petite Loge, par Patas.
> Très belle épreuve avec le privilège. Petite marge.

598. Le Souper fin, par Helman (1370).
> Très belle épreuve avec le privilège. Toute marge.

599. La petite Toilette. — Le Lever. — Le Pari gagné. 3 pièces gravées par Halbou, Camlingue et A. Martini.
> Très belles épreuves avec le privilège. Petites marges.

MORLAND (D'après J.)

600. *A visit to the Boarding school. — A visit to the Child at Nurse.*
> Deux très belles pièces, faisant pendants, gravées à la manière noire par Ward, 1789.
> Très belles épreuves en couleurs.

601. *A party angling.*
> Charmante pièce gravée, à la manière noire, par G. Keating.
> Très belle épreuve en couleurs.

602. *The Barn door*, par Levilly.
> Très belle épreuve imprimée en couleurs. Sans marge.

603. Histoire de Lœtitia; suite de 6 pièces gravées par Bartoloti.

Très belles épreuves en couleurs. Marges inégales.

NANTEUIL (R.)

604. Bossuet (Jacques Bénigne), évêque de Condom, puis de Meaux; buste fort comme nature (R. D. 45). In-f°.

Très belle et rare épreuve du 1er état : avant que, dans l'inscription sur la bordure, le mot *Condomensis* ait été remplacé par *Meldonensis*, que l'année ait été enlevée et que l'adresse d'*Edelinck ex* ait été ajoutée.

605. Louis XIV; buste fort comme nature (158). In-f°.

Belle épreuve du 3e état : avant que l'année 1670 ait été convertie en 1673.

606. Mazarin (Le Cardinal J.), assis dans sa galerie des Antiques (185). In-f° en largeur.

Très belle épreuve légèrement rognée dans la partie inférieure.

607. Turenne (Henri de la Tour d'Auvergne, vicomte de), maréchal de France; buste fort comme nature (233). In-f°.

Très belle et rare épreuve du 2e état : avant les petites barres que l'on remarque, dans l'état suivant, après le point qui suit la lettre R du prénom de Nanteuil et entre les mots *privilegio et Regis*.

608. Colbert. — Chamillard. — M. Letellier, — De Nesmond, 2 portraits différents. Ensemble 5 portraits in-f°.

Belles épreuves.

ORNEMENTS

609. Meubles : 6 cahiers complets, de 4 feuilles chacun, marquées des lettres majuscules A. B. E. F. H. et R, par J. Ch. Delafosse.

Très belles épreuves ayant toutes leurs marges, moins une des feuilles du Cahier E dont il manque la moitié. Très rares.

610. Suite de vases tirée du Cabinet de Monsieur Du Tillot, Marquis de Felino,... et gravés à l'eau-forte d'après les dessins originaux de Monsieur le Chevalier Petitot,... par Begnino, Rossi.

> Suite de 32 pièces y compris le titre dont nous ne possédons que 30 (manquent les n°ˢ 13 et 19 de la suite.
> Exemplaire à toutes marges.

611. Vase. — Panneaux. — Lit. 7 dessins et croquis à la mine de plomb, à la sepia et à l'aquarelle.

611 *bis*. Décorations intérieures. — Meubles. — Trophées. — Cartouches. — Arabesques, 100 feuilles par et d'après Berain, Delafosse, Pineau, Marot et autres artistes.

> Anciennes épreuves.

612. Vases. — Fontaines. — Cartouches. — Décorations de Jardins. 130 pièces par et d'après Le Brun, Lepautre, Boucher, La Joue, Mondon et autres artistes.

> Anciennes épreuves.

PARAVENTS (Feuilles pour)

613. Pastorales. — Fêtes Galantes. 29 grandes pièces gravées sur bois pour la décoration de Paravents.

> Épreuves coloriées du temps ayant toutes leurs marges.

PAROY (J. Ph. Guy de Gentil, comte de)

614. La Caverne de Brigands.

> Très belle épreuve imprimée en couleurs. Sans marge.

PATER (D'après J. B.)

615. Le désir de plaire. — Le Plaisir de l'été. 2 pièces, faisant pendants, gravées par L. Surugue.

> Très belles épreuves ayant de très grandes marges.

PETERS (D'après W.)

616. *Much ado about nothing*.

> Grande et belle pièce, en hauteur, gravée par P. Simon.
> Très belle épreuve.

PORTRAITS

617. Anne d'Autriche. — Louis XIV, 3 portraits différents. — Duc d'Orléans. — Comte d'Harcourt. — Duc de Longueville. 10 portraits, in-4° et in f°, gravés par Masson et Van Schuppen.

   Belles épreuves.

618. Ducs d'Anjou. — De Berry. — De Bourgogne. — Berbier du Metz. — Carcavy. — D'Hozier. 6 portraits, in-f°, gravés par Edelinck.

619. Samuel Bernard. — Le Grand Dauphin. — Dangeau. A. de Ville. — Marquis de Marigny. 6 portraits, in-f°, gravés par Drevet et Wille.

   Belles épreuves.

620. Antoine Coypel. — Coyzevox. — Jouvenet. — De Lalande. — Largillière. — Moreau. — Lejeune. — Puget. — Wille. 8 portraits, in-f°, gravés par A. de Saint-Aubin, Audran et Muller.

   Très belles épreuves.

621. Caroline, reine de Naples. — Chevalière d'Eon. — Louise-Ulrique de Suède. — Mme du Chatelet. — Marie-Thérèse. — Sophie du Moley. — Grande Duchesse de Wurtemberg. — La Voisin. 9 portraits, in-4° et in-f°, gravés par A. Saint-Aubin, Coypel, Gaillard et autres artistes.

   Très belles épreuves.

622. Victor-Amédée III. — Mme de Genlis. — Malesherbes. Sénac de Meilhan. — Marquis de Pombal. — Comte de Saint-Germain. — Comte de Vergennes. 7 portraits, in-f°, gravés par A. de Saint-Aubin, Bervic, Beauvarlet et autres artistes.

   Belles épreuves.

PRUD'HON (D'après P. P.)

623. Le Chevrier. — Daphnis cherchant une cigale. — Le Bain; suite de 3 pièces gravée par Roger pour l'édition, gr. in-4°, de *Daphnis et Chloé* de Didot, an VIII.

   Très belles épreuves avant la lettre.

QUEVERDO (D'après F. M. J.)

624. Le Repos, par Dambrun.
    Très rare épreuve à l'état d'eau-forte.

RAFFET (A.)

625. S. A. R. le duc d'Aumale (G. 8).
    Très belle épreuve.

626. Retraite du Bataillon sacré à Waterloo, 18 juillet 1815 (80).
    Une des plus belles pièces du maître.
    Superbe épreuve du 1er tirage : tirée sur 1/4 colombier papier blanc. Rare.

627. Combat d'Oued-Alleg (82).
    Très belle épreuve du 1er tirage.

628. Le Drapeau du 17° Léger (83).
    Très belle épreuve.

629. Le Réveil. — La Revue nocturne. 2 pièces (85 et 429).
    Très belles épreuves.

630. Expédition et siège de Rome.
    Suite de 36 planches numérotées, plus le titre (557-593).
    Très bel exemplaire.

631. Dévouement du Clergé catholique (563), n° 7 du siège de Rome.
    Superbe épreuve avant toutes lettres.

632. Famille Tartare en voyage. — L'As de trèfle m'annonce. — Tu as de l'honneur, tu as des principes. 3 pièces, la dernière est très rare.
    Très belles épreuves.

633. 31 pièces tirées d'albums, années 1830 à 1837.
    Très belles épreuves.

RAMBERG (J. A.)

634. Le Rossignol. — Les Lunettes. — Les Prunes. 3 grandes pièces, en largeur, pour les Contes de La Fontaine.
    Très belles épreuves très soigneusement coloriées par l'artiste et montées en dessins.

635. Le Rossignol. — Accident arrivé à une vivandière. — Le Marché des Esclaves. 3 pièces.
    Très belles épreuves, les deux dernières sont coloriées.

REGNAULT (N. F.)

636. Le Matin. — Le Midi. — La Nuit. 3 pièces.
    Très belles épreuves, les deux premières pièces sont avant la lettre.

REYNOLDS (D'après sir Josuah)

637. Son Altesse Sérénissime LOUIS-PHILIPPE-JOSEPH, DUC D'ORLÉANS, en pied; gravé à la manière noire par J. R. Smith.
    Très belle épreuve lettres grises; taches d'humidité.

638. *Frances Isabella ker Gordon, daugther of Lord and Lady W. Gordon*, par M. Simon. In-f°.
    Représentée, enfant, sous les traits de cinq chérubins dans différentes positions.
    Très belle épreuve.

ROBERT (D'après H.)

639. L'Hermite du Colisée. — La prière interrompue. 2 pièces, faisant pendants, gravées par Morret.
    Très belles et très fraîches épreuves imprimées en couleurs.

ROUSSEAUX (Ph.)

640. Portrait de Madame de SÉVIGNÉ, d'après le pastel de Nanteuil. In-f°.
    Superbe épreuve avant toutes lettres, sur Chine.

ROWLANDSON (Par et d'après)

641. *The Prospect before us.*
    Mʳ et Mᵐᵉ Théodore dansant à Covent-Garden.
    Très belle et rare épreuve en couleurs. Sans marges.

642. *Exhibition stare case.*
    Une des pièces les plus humouristiques du maître.
    Très belle épreuve en couleurs. Sans marges.

643. *A French Family*, par S. Alken, 1786.
    Très belle épreuve en couleurs.

644. *In yard on Fire*, par F. Malton.
    Très belle épreuve en couleurs.

645. *A sketch from nature*, par W. P. Carey.
    Très belle épreuve en couleurs.

646. *Place de Mier at Antwerp. — Feyge Dam with part of the Fish Market at Amsterdam.*
    Deux très grandes et intéressantes pièces, faisant pendants, gravées par Wright et Schutz, 1977.
    Très belles et très fraîches épreuves en couleurs. Marges.

647. *A Bird's Eye wiew of Covent Garden Market*, par Bluck, 1811.
    Très belle épreuve en couleurs. Grande marge.

648. *Careless attention. — Traffic. — Saloon at the Marine Pavillon. — Four o'clock in the Country. — Four o'clock in the Town. — Madame Very, restaurateur Palais-Royal Paris. — La Belle Limonadière au caffée des Mille Collones, Palais-Royal Paris*, etc. 17 pièces.
    Très belles épreuves noires et coloriées.

SAINT-AUBIN (D'après G. de)

649. Ballet dansé au théâtre de l'Opéra dans le carnaval du Parnasse, acte Iᵉʳ. — La Guinguette, divertissement pantomime du Théâtre Italien composé par le Sʳ de Hesse.
    Deux pièces, faisant pendants, gravées par F. Basan.
    Très belles épreuves avec marges.

SAINT-AUBIN (D'APRÈS G. DE).

650. Bal de Saint-Cloud, par Fessard.

> Très belle épreuve d'une pièce que nous pensons avoir été gravée d'après G. de Saint-Aubin, quoiqu'elle soit signée *Saint-Poussin?*

SAINT-AUBIN (D'après A. de)

651. Tableau des portraits à la mode. — La Promenade des Remparts de Paris (E. B. 378 et 382).

> Deux pièces, faisant pendants, gravées par P. F. Courtois. Très belles épreuves.

652. Le Bal paré. — Le Concert (402-403).

> Deux pièces, faisant pendants, gravées par Duclos. Très belles épreuves. Marges.

653. *The first come best served.* — *The Place to the First occupier* (404 et 405).

> Deux pièces ovales, faisant pendants, gravées par Sergent. Très belles épreuves imprimées en couleurs.

654. La Jardinière, par Phélypeaux et Moret (416).

> Très belle épreuve imprimée en couleurs. Sans marge.

SAUERWEID (D'après)

655. Bivouac des Cosaques aux Champs-Elysées, à Paris le 31 mars 1814; gravé par Jazet.

> Superbe épreuve, avant toutes lettres, imprimée en couleurs; très grande marge. Excessivement rare de cette qualité.

SERGENT (A. P.)

656. The days folly. — The magnetisme.

> 2 très jolies petites pièces satiriques, de forme ovale, sur la manie des ballons et sur le magnétisme.
> Très belles épreuves imprimées en couleurs. Rares à trouver réunies.

657. Il est trop tard, 1789.

> Très belle épreuve imprimée en couleurs. Marge du cuivre.

658. Le Général Marceau, en pied, dans le costume de hussard qu'il portait au moment où il fut tué.

« Né à Chartres, soldat à XVI ans, général à XXIII, mort à XXVII. »

Très belle épreuve imprimée en couleurs, une partie de l'inscription manque.

SINGLETON (D'après H.)

659. *Peace*, grande pièce, en hauteur, gravée par J. Whessel, 1802.

Très belle épreuve imprimée en couleurs.

SMITH (J. R.)

660. *The Promenade at Carlisle House, 1781.*

Charmante pièce gravée à la manière noire, une des plus jolies de l'école anglaise, dont tous les personnages sont des portraits : *Duchesse de Devonshire, Lady Duncannon*, etc
Très belle épreuve.

661. *What you will.* — Ce qui vous plaira, 1791.

Très belle épreuve imprimée en couleurs, avec quelques rehauts.

662. *A widow.* — *Une veuve.*

Très belle épreuve en couleurs.

663. *A wife.* — *Une femme mariée.*

Très belle épreuve en couleurs.

664. *A maid.* — *Une Pucelle.*

Très belle épreuve en couleurs.
Les quatre pièces précédentes formant une suite pourront être réunies.

665. *Portraits of their Highnesses William Frédérik, William George Frederick etc, Fréderica Louisa Wilhelmina Princes and Princess of Orange and Nassau.*

Grande et très belle pièce, en largeur, gravée à la manière noire d'après Tischbein, 1790.
Superbe épreuve imprimée en couleurs. Fort rare.

SMITH (D'après J. R.)

666. *Though of matrimony*, par W. Ward.
    Charmant médaillon, ovale, petit in-f°.
    Superbe épreuve imprimée en couleurs. Sans marge.

667. *The widow's tale.*
    Grande et belle pièce gravée à la manière noire, par W. Ward, 1789.
    Très belle épreuve imprimée en bistre.

668. *A lecture of Gadding*, par F. Bartolozzi, 1789.
    Très belle épreuve.

669. La situation embarassante? par W. Ward, médaillon ovale in-f°.
    Très belle épreuve imprimée en couleurs. Sans marge.

SOCIÉTÉ FRANÇAISE DES AMIS DES ARTS

670. 86 pièces épreuves d'artiste et de remarque sur japon.

STRANGE (R.)

671. Vénus. — Danae. [2 pièces, faisant pendants, gravées d'après le Titien.
    Très belles épreuves.

SWEBACH DES FONTAINES (D'après J. F.)

672. Le Caffé des Patriotes, grande nouvelle du Nord, par J. B. Morret.
    Superbe épreuve imprimée en couleurs. Grande marge.

THÉATRE (Pièces sur le)

673. Molière (J.-B. Poquelin de), dessiné et gravé par Aubert. In-4°.
    Très belle épreuve.

674. Arlequin soldat Gourmand. — Arlequin mécontent de son Peintre. — Arlequin esprit follet. — Colom-

bine avocat pour et contre.
>Suite de quatre pièces dessinées et gravées par Gillot.
Très belles épreuves. Rares.

675. DUCHEMIN. — ERMONT. — FABIO. — LA TORILLIERE. — MONTMENIL. — PANTALON. — QUINSON.
>7 portraits, in-8°, dessinés et gravés à l'eau-forte par Cl. Gillot.
Très belles et rares épreuves avant la lettre.

676. Arlequin esprit follet. — Arlequin mécontent de son peintre. — Arlequin soldat gourmand. — Colombine avocat pour et contre. — Portraits d'acteurs,
>18 pièces dessinées et gravées à l'eau-forte par Cl. Gillot.
Très belles épreuves avant et avec la lettre.

677. Départ des Comédiens Italiens en 1679; gravé par L. Jacob d'après Watteau.
>Très belle épreuve sans marges sur les côtés.

678. Mademoiselle DUCLOS, de la Comédie Française, dans le rôle d'Ariane; gravé par Desplaces d'après N. de Largillière. In-f°.
>Très belle épreuve.

679. Costumes de ballet. 15 pièces dessinées et gravées par J. B. Martin.
>Très belles épreuves coloriées. Marges.

680. Les petits Comédiens.
>6 jolies petites pièces, dans des entourages rocailles, publiées à Paris chez Selis.
Très belles épreuves tirées à deux sur la feuille. Fort rares.

681. Le Chaudronnier. — Le Déserteur. — Ballet des Muses. — Silvain. — La Belle au bois dormant, etc. 15 scènes théâtrales.
>Très belles épreuves.

682. Le Comte d'Albert. — Le Jugement de Midas, comédies.
>4 médaillons ronds, avec entourages gouachés, montés en écrans.
Curieux et rares.

683. Mme Dangeville. — Mme Favart. — Mlle Pelissier. — Preville. — Sylvia. 5 portraits, in-f°, gravés par Daullé, Michel et Surugue.

> Belles épreuves.

684. Mme Jullien, de la Comédie Italienne. — Mlle Maillard, de l'Académie Royale de Musique. — Carlin Bertinazi, de la Comédie Italienne. 3 portraits, in-4°, par Coutellier.

> Très belles épreuves imprimées en couleurs. Toutes marges.

685. Sophie Arnould, dans le rôle de Zyrphé, du ballet de Zelindor.

> Petit médaillon, ovale, gravé par Bourgeois de la Richardière d'après De La Tour.
> Très belle épreuve imprimée en couleurs. Toute marge.

686. Mme Bellecour. — Mlle Contat. — Mr Michu. — Mme Saint-Aubin. — Mme Vestris. 9 petits portraits, in-8°, gravés la plupart par Janinet.

> Très belles épreuves coloriées et imprimées en couleurs.

687. Miss Bellamy. — Mlle Duthé. — Mlle Clairon. — Garrik. — Mme Laruette. — Lekain. — Nicodème et Babichon. 16 portraits, in-8° et in-4", gravés par Basan, Cochin, Elluin et Le Beau.

> Très belles épreuves.

688. Mlle Colombe. — Mlle Contat. — Mme Saint-Huberti. — Mme Dugazon. 4 portraits, in-4°, gravés par Janinet.

> Très belles épreuves, trois sont imprimées en couleurs.

689. « Dessin du spectacle que leurs Excellences, Messieurs Nicolas Michieli et Philippe Calbo, ont donné au Grand Duc et à la Grande Duchesse de Russie, dans le très noble théâtre à Saint-Benoît (Venise), le 22 janvier 1782. »

> Grande et très intéressante pièce en largeur, gravée par Baratti d'après Canal.
> Très belle épreuve ayant une grande marge. Rare.

690. Le Mariage de Figaro ou la folle Journée.

> 5 petites pièces in-4°, de forme ronde, gravées à la manière du lavis, d'après Garneray et Duvelle.
> Très belles épreuves imprimées en bistre. Marges.

691. Mlle Olivier, de la Comédie-Française, dans le rôle de Chérubin du Mariage du Figaro,

> Médaillon ovale équarri, in-4°, gravé par Coutellier.
> Très belle épreuve imprimée en couleurs.

692. P. L. Dubus Préville, de la Comédie-Française, par Alix.

> Médaillon, in-4°, reposant sur un cartouche où il est représenté dans trois rôles différents.
> Très belle épreuve imprimée en couleurs.

693. Voltaire couronné par Mlle Clairon. — Couronnement de Voltaire au Théâtre Français. — La Chaste Suzette. — Le Déjeuner de Ferney. — Visite de Mlle Clairon à Ferney. — Vue de Ferney, etc.

> 20 pièces. Anciennes épreuves.

694. Projet de Rideau avec personnages de la Comédie Italienne.

> Pièce très rare, gravée à l'eau-forte.

695. Affiches de pièces jouées à la Comédie-Française, à l'Académie Royale de musique et au Théâtre Italien dans les années 1778-1779-1821 et 1822.

> 10 pièces, curieuses et rares, dont 8 sont ornées de larges bordures gravées sur bois.

696. Représentations théâtrales à Amsterdam, à la fin du xviii° siècle.

> 34 pièces gravées d'après Barbier, Waldorp et autres artistes.
> Très belles épreuves ayant toutes leurs marges.

697. Décorations théâtrales françaises et étrangères.

> 55 pièces.

698. Fanchon la vielleuse. — Foyer de la Montansier. — Le Comte Orry. — Les Montagnes russes. — Le Tri-

THÉATRE (PIÈCES SUR LE).

bunal des femmes. — Les Pantoufles. — Les trois Cendrillons. — La famille des Innocents, etc.

24 pièces publiées, la plupart, au commencement du xix° siècle.

Épreuves coloriées.

699. BAPTISTE CADET. — Mlle BOURGOIN. — DESFORGES. — Mlle DUCHESNOIS. — Mlle GRASSINI. — Mlle MARS, etc. 11 portraits in-8° et in-4°.

Belles épreuves noires et coloriées.

700. GALERIE DRAMATIQUE; suite de portraits et costumes d'acteurs en pied, publiée à Paris chez Martinet. 220 pièces.

Très belles et très fraîches épreuves coloriées.

701. BALZAC. — A. DUMAS. — VICTOR HUGO. — SANDEAU. — G. SAND, etc. 36 portraits, in-4° et in-f°, gravés et lithographiés.

Très belles épreuves.

702. Antony. — Henri III. — Hernani. — Clotilde. — Robert le Diable, etc.

45 pièces lithographiées.

703. Souvenirs du Théâtre anglais dessinés par Messieurs Devéria et Boulanger; suite de 6 planches avec texte.

Très belles épreuves noires et coloriées dans leur couverture de publication.

704. Madame MALIBRAN dans le rôle de Desdemone; gravé à l'aqua-tinte par Turner, d'après Decaisne. In-f°.

Très belle épreuve.

705. Grand chemin de la Postérité.

4 grandes lithographies en largeur, par Benjamin Roubaud, publiées vers 1840, comprenant chacune deux bandes de portraits-charges, très ressemblants, des acteurs, actrices et hommes de lettres les plus célèbres de cette époque.

Épreuves noires et coloriées.

706. Mmes ALLAN-DORVAL. — ALBERT. — BRAMBELLA. — JENNY COLON. — DÉJAZET. — DORVAL. — DAMOREAU CINTI. — GEORGES. — MARS. — PRADHER. — SONTAG. A. PLESSY. — M. LAFONT. — LAFERRIÈRE. —

F. Lemaitre, etc. 40 portraits, in-4° et in-f°, lithographiés.

Très belles épreuves sur blanc et sur chine.

TOUZÉ (D'après)

707. Les Amusements dangereux, par Voyez le jeune.

Superbe épreuve avant la lettre. Grande marge.

VAN DE PUT (L.)

708. Portraits de M. Desboutin. — A. Cain. 2 pièces gravées sur bois.

Très belles épreuves sur chine, avec dédicaces.

VAN GORP (D'après)

709. Le Déjeuner de Fanfan, par Malles.

Superbe et très fraîche épreuve, avant toutes lettres, imprimée en couleurs. Rare.

VANLOO (D'après C.)

710. Madame de Pompadour en belle jardinière, par Anselin. In-4°.

Superbe et très rare épreuve avant toutes lettres, et avant quelques légers travaux. Remargée.

VERNET (D'après J.)

711. Les Ports de France; suite de 16 pièces gravées par Le Bas et C. N. Cochin.

Superbes épreuves, avant toutes lettres, parfaitement uniformes et ayant de très grandes marges. Très rares en cet état.

712. Œuvre gravé du maître.

Fort bel œuvre, qu'il serait presque impossible de former maintenant, il comprend 160 pièces gravées par les meilleurs artistes du temps, les épreuves sont superbes, beaucoup sont avant la lettre.

VERNET (D'après C.)

713. La Danse des chiens, par Levachez.
    Pièce capitale du Maître.
    Très belle épreuve imprimée en couleurs.

VINCENT? (D'après)

714. La Soirée du Palais-Royal, par Caquet.
    Très belle épreuve. Toute marge.

VUES

Paris et ses environs.

715. « L'admirable dessein de la Porte, et Place de France avec ses rues commencée à construire en marestx du Temple à Paris durant le règne de Henri le Grand, 4° du nom, roy de France et de Navarre, l'an de grâce mil six cens et dix, par Claude Chastillon Chaalonnois. »
    Très belle épreuve ayant une grande marge.

716. Vue Générale de Paris par F. Hoiamis. *Amsterdam, 1619.*
    Grande pièce en quatre feuilles assemblées.
    Très belle épreuve doublée. Fort rare.

717. La perspective du Pont-Neuf de Paris, par Ét. Della Bella.
    Très belle épreuve avant le coq et le toit prolongé de l'Église Saint-Germain l'Auxerrois.

718. Vue Générale de Paris, par M. Mérian.
    Très belle épreuve.

719. La perspective du Pont-Neuf de Paris. — Vue perspective de Paris, prise du Pont-Royal. — Vue de Paris dessinée de la Grande Terrasse du Château de Meudon, 1735. — Vue de Paris dessinée du salon du Pavillon de S. A. Madame la Duchesse du Maine, à la pointe de l'Arsenal.
    6 pièces par Ét. Della Bella, Poullau et Milcent.
    Très belles épreuves.

720. Vue intérieure de Paris, représentant le port Saint-Paul, prise du quay des Ormes. — Vue intérieure de Paris représentant le Port au blé depuis l'extrémité de l'ancien Marché aux veaux jusqu'au Pont-Notre-Dame.
>2 grandes pièces, en largeur, gravées par Berthault, 1785, d'après le chevalier de Lespinasse.
>Très belles épreuves.

721. Vue intérieure de Paris, représentant le Port Saint-Paul. — Vue intérieure de Paris représentant le Port au blé. — Vue intérieure de Paris regardant le Pont-Neuf.
>5 grandes pièces, en largeur, d'après le chevalier de Lespinasse.
>Très belles épreuves avant, avec la lettre et à l'état d'eau-forte.

722. 1re vue de Paris, prise du Pont-Royal.
>Grande pièce, en largeur, gravée par Janinet.
>Superbe épreuve, avant toutes lettres, imprimée en couleurs.

723. La même Estampe.
>Très belle épreuve, avec la lettre, imprimée en couleurs.

724. Vue du Port Saint-Paul prise au parapet du dit quay. — Vue de la Porte Saint-Bernard prise au bas des la rive dudit quay.
>2 grandes pièces, en largeur, gravées par Descourtis, d'après De Machy.

725. Vue perspective de la Place et du Pont de la Concorde à Paris. — Vue du décintrement du Pont de Neuilly, le 22 septembre 1772.
>2 grandes pièces gravées d'après Desprez et E. de Saint-Far.
>Très belles épreuves imprimées en couleurs.

726. Vue de Paris prise de l'entrée des Champs-Élysées. — Vue de Paris prise de la Pompe Notre-Dame.
>2 pièces dessinées et gravées par Garbizza.
>Très belles épreuves coloriées du temps.

727. Vue du Port Saint-Paul. — Vue des greniers d'abondance.
>2 pièces dessinées et gravées par Demartrais.
>Très belles épreuves en couleurs.

728. Vue prise sous une des arches du Pont-Notre-Dame. — Vue prise de dessous l'arche de Gesvres. — Fossés de la Bastille. — Pont de l'Hôtel-Dieu dit de Saint-Charles. — Pont de Neuilly. — Moulin à Charenton. — Aqueduc d'Arcueil.
>   7 pièces gravées à l'aqua-tinte, d'après J. Nattes, en 1806 et en 1807.
>   Très belles épreuves en couleurs.

729. Vue du Pont qui conduit à la Tour du Gouverneur, dans le jardin de Mousseaux. — Vue du Labyrinthe ou Belvédère du Jardin des Plantes. — Orangerie de Versailles.
>   3 pièces gravées par Chapuy d'après Mongin.
>   Très belles épreuves en couleurs.

730. Vues générales de Paris prises en amont et en aval de la Seine, vers 1820. — Le Vieux Paris du xve siècle, vu près de la Tour de Nesles. 6 pièces.
>   Très belles épreuves dans des états d'eau-forte plus ou moins avancés.

731. Vue de la Seine (prise en dessous du Pont-Neuf, vers 1830). Grande pièce, en hauteur, anonyme.
>   Très belle épreuve coloriée.

732. Vues du Louvre et de Saint-Germain-l'Auxerrois.
>   45 pièces gravées et lithographiées.

733. Vue des Tuileries du côté du Pont Tournant.
>   Deux très jolies petites pièces, de forme ronde, gravées par Descourtis d'après De Machy.
>   Très belles épreuves imprimées en couleurs.

734. Vues du Palais et du Jardin des Tuileries.
>   50 pièces gravées et lithographiées.

735. Le Pont-Neuf vu du côté de la rue Dauphine. — Baccanal et divertissement des environs de Paris. — L'Hôtel de Soissons.
>   4 pièces gravées par N. Guérard et Humblot.
>   Très belles épreuves.

736. Vues du Pont-Neuf et des quais de Paris.
>   74 pièces gravées et lithographiées.

737. Palais, Galeries et Jardin du Palais-Royal. — Vue de l'intérieur du nouveau Cirque du Palais-Royal. — Le Cirque. — La Colonnade. — Les Trente-deux filles dans l'allée des Soupirs.
>11 pièces.
>Très belles épreuves noires et coloriées.

738. Vue de la Galerie du Palais-Royal prise du côté de la rue des Bons-Enfants; gravé par Coqueret d'après Garbizza.
>Très belle et rare épreuve imprimée en couleurs, avec de légers rehauts. Rare.

739. Vue du Jardin du Palais-Royal. — Vue du Palais-Royal du côté des Galeries de Bois.
>2 grandes pièces, en largeur, gravées par W. Daniell.
>Très belles épreuves coloriées.

740. Vue de la Galerie et des Galeries de Bois du Palais-Royal.
>Épreuve très soigneusement coloriée, d'une curieuse lithographie publiée vers 1820.

741. Vues du Palais, des Galeries et du Jardin du Palais-Royal.
>30 pièces gravées et lithographiées.

742. Vue de la Place Louis XV et des Champs-Élysées.
>26 pièces gravées et lithographiées.

743. Vue de la Fontaine des Innocents, par Carré.
>Très belle épreuve imprimée en couleurs. Sans marge.

744. Vues des Théâtres et Jardins de Paris : Opéra, Théâtre-Français, Opéra-Comique, Feydeau, Tivoli, Frascati, etc.
>12 petites pièces tirées à deux sur la feuille; deux sont doubles.
>Très belles épreuves en couleurs, plus le titre. Rares.

745. Vues et plans des plus belles maisons de Paris et de ses environs : Château de Bagatelle, Maison de Mlle Guimard, Maison du Marquis de Sainte-Foix, Maison de Mlle de Brunoi, Hôtel du Prince de Salm, Théâtre Feydeau, etc.
>18 pièces gravées par Prieur extraites des grands prix d'architecture.
>Épreuves très finement coloriées.

746. Vues des plus beaux édifices publics et particuliers de la ville de Paris, dessinés par Durand, Garbizza et Mopille, achitectes, et gravés par Janinet, Chapuis, etc.

42 pièces de formes ovale et carrée.
Très belles épreuves imprimées en couleurs de la 1re édition.
Marges inégales.

747. 9 pièces doubles des précédentes.

Très belles épreuves imprimées en couleurs.

748. LE MÊME OUVRAGE.

Suite de 88 pièces, in-4°, en largeur, dont nous ne possédons que 86; manquent les n° 3 et 37.
Très belles épreuves de la 2e édition. Toutes marges.

749. Vues pittoresques des principaux édifices de Paris.

Suite de 112 planches in-8°, imprimées en couleurs, gravées par Janinet, Roger Guyot et Sergent, publiées à Paris chez les *frères Campion* dont nous ne possédons que 99. Manquent les N°s 1, 26, 66, 81, 82, 91, 97 et 106 à 112.
Très belles épreuves.

749 *bis*. Vues des principaux édifices de Paris.

62 pièces in-8°, imprimées en couleurs, gravées par Janinet et Campion publiées, la plupart, chez *Esnauts et Rapilly*.
Très belles épreuves.

750. Hôtel de Ville. — Notre-Dame. — Palais de Justice. — Sainte-Chapelle.

38 pièces gravées et lithographiées.

751. Place Vendôme. — Place des Victoires. — Saint-Eustache. — Hôtel de Sens. — Tour Saint-Jacques, etc.

80 pièces gravées et lithographiées.

752. Boulevards. — Théâtres. — Portes Saint-Martin et Saint-Denis. — Vauxhall. — Maisons particulières, etc.

80 pièces gravées et lithographiées.

753. Luxembourg. — Odéon. — Sorbonne. — Val-de-Grâce. — Panthéon. — Sainte-Geneviève. — Invalides.

70 pièces gravées et lithographiées.

754. Jardin des Plantes. — Église Saint-Victor. — Tour de l'Horloge. — Palais-Bourbon. — École Militaire, etc.

100 pièces gravées et lithographiées.

755. Atlas des Anciens Plans de Paris, reproduction en fac-similé des originaux les plus rares et les plus intéressants pour l'histoire de la topographie parisienne. *Paris, Imprimerie Nationale MDCCCLXXX.* Grand in-f°, en portefeuille.

> Incomplet de 4 planches : n°s 21, 22, 27⁴ et 31ª.

756. Cour du Louvre. — Hôtel de Ville de Paris. — Hôtel de Ville de la Rochelle. — Cathédrale de Strasbourg. — Châteaux de Blois. — Chambord. — Ecouen. — Nancy.

> 17 très grandes et moyennes pièces gravées, à l'eau-forte, par Rochebrune.
> Très belles épreuves avant et avec la lettre.

757. Notre-Dame. — Fontaine de Médicis. — Ruines du Palais des Tuileries. — Ruines de la Bastille. — Palais de Justice de Rouen. — Eglise Saint-Pierre à Caen. — Harfleur. — Mont Saint-Michel, etc.

> 10 très grandes pièces gravées à l'eau-forte, la plupart par Delauney et Gaucher.
> Très belles épreuves.

758. Ancien Paris. 155 eaux-fortes par Martial Potemont.

> Très belles épreuves. Toutes marges.

759. Paris en 1867, par Martial Potemont.

> Suite de 48 eaux-fortes sur Chine collé.

760. Eaux-fortes sur le vieux Paris.

> Suite de 10 pièces par Mlle Gabrielle Niel, plus 5 doubles. Ensemble 15 pièces.
> Très belles épreuves sur Chine.

761. Le Pont Marie. — Le Pont Saint-Louis. — L'Estacade. — Moulin à Montmartre. — Notre-Dame. — Place Breda, etc.

> 11 pièces par Bejot, Buhot, Chahine et autres graveurs.

761 *bis*. Paris à travers les âges.

> 30 très belles aquarelles et 3 dessins à la plume par Hofbauer.

762. Jardin de Monceau près Paris, appartenant à S. A. S. Monseigneur le Duc de Chartres. *A Paris, chez Delafosse*, 1779.

> Titre et 5 feuilles de texte, plus le plan et 17 planches d'après Carmontelle.
> Très bel exemplaire en livraisons dans leurs couvertures de publication.

763. Vincennes. — Choisy. 32 pièces.

> Épreuves noires et coloriées.

764. Bellevue. — Meudon. — Sceaux.

> 20 pièces gravées la plupart par Is. Silvestre.
> Très belles épreuves.

765. Saint-Cloud. — Rueil. — Saint-Germain.

> 60 pièces dont un grand nombre par Perelle et Is. Silvestre.

766. Saint-Cloud. — La Malmaison. — Saint-Germain.

> 3 pièces gravées par Fromeel et R. Carey, d'après Fromeel et Nordepuis.
> Très belles épreuves en couleurs. Rares.

767. Barrières de Paris. — Saint-Ouen. — Neuilly. — Issy. — Gentilly. — Arcueil, etc. 50 pièces.

> Épreuves noires et coloriées.

768. Vues du Château, du Parc et des Bosquets de Versailles. 18 pièces dessinées et gravées par J. Rigaud.

> Anciennes et très belles épreuves.

769. Vues du Château, du Parc et des endroits remarquables de Versailles.

> 150 pièces dont un très grand nombre par Aveline, Perelle et Demortain.
> Très belles épreuves.

770. Poissy. — Chantilly. — Vaux-le-Vicomte. — Fontainebleau.

> 50 pièces par Is. Silvestre et autres graveurs.

771. Vues des Palais, Châteaux, Maisons de Paris et de ses environs. 84 pièces dessinées et gravées par J. Rigaud.

> Tirage de la Chalcographie.

772. Vue et perspective du château de Grosbois. — Vues du petit château de Choisy du côté de la Cour et du côté du jardin.

    3 pièces gravées d'après Lépicié et La Ferté, d'après Rigaud et La Ferté.
    Très belles épreuves.

Province.

773. Vue de la ville d'Orléans.

    Grande pièce en largeur gravée par Choffard d'après Desfriches.
    Très belle épreuve.

774. Description de la Place Louis XV que l'on construit à Reims, par le sieur Legendre. *A Paris, de l'Imprimerie de Prault, 1765.*

    Titre, 17 feuilles de texte et 11 planches.
    Exemplaire en feuilles.

775. Orléans. — Chambord. — Amboise.

    55 pièces anciennes et modernes.

776. Première et deuxième vues de l'Ile Barbe, près de Lyon.

    2 grandes pièces, en largeur, gravées par Martini et Le Bas, d'après D'Olivié.
    Très belles épreuves.

777. Voyages Romantiques dans l'ancienne France sous la direction du Baron Taylor : Champagne, Picardie, Languedoc, Auvergne, Franche-Comté.

    200 pièces lithographiées.

778. Les Quais de Rouen autrefois et aujourd'hui, par Aveline. *Rouen, Augé, 1880.*

    Incomplet.[1]

Vieux Rouen, 10 croquis dessinés d'après nature et gravés à l'eau-forte par E. Nicolle. *Paris, V. A. Cadart.*
    Complet.

779. Plans et vues de Lyon, de Marseille et de Bordeaux.

    22 pièces.

780. Vue de Normandie. — Picardie. — Bretagne et Bourgogne.

    35 pièces anciennes et modernes gravés et dessinées.

781. Vues de Paris, de France et de l'Étranger.
>   275 pièces connues sous le nom de vues d'optique.
>   Épreuves coloriées du temps.

782. Vues de Nice et de la Provence.
>   50 pièces.

Étranger.

783. *The Bank. — The Royal Exchange. — The Mansion-House. — King street. — Guildhall. — Old Palace Yard. — New Palace Yard. — Windsor Terrass looking Eastward.*
>   8 vues, animées de nombreux personnages, dessinées et gravées par Malton.
>   Superbes épreuves, imprimées en bistre, ayant toutes leurs marges. Excessivement rares.

784. *Kensington Garden. — St James Park. — Hampton court. — Kew Gardens.*
>   7 pièces numérotées de 1 à 8 (moins la planche 5 qui manque), gravées par H. Schutz, d'après Manskirsch.
>   Superbes épreuves, en couleurs, ayant toutes leurs marges. Très rares.

785. *The Crescent. — Abbey-church. — Pultney Bridge. — The South Parade. — Queen's Square. — The Circus. — Somerset Building.*
>   8 vues de Bath, des plus intéressantes comme costumes et comme vues, dessinées par Malton et gravées à l'aqua-tinte, la plupart par lui-même.
>   Superbes épreuves, imprimées en noir et en bistre, ayant toutes leurs marges. Très rares.

786. Vues des principaux édifices de Londres. — Vues d'Angleterre.
>   80 pièces.

787. Vues de différents châteaux en Angleterre.
>   12 pièces dessinées et gravées par Rigaud et Baron, 1739.
>   Très belles épreuves.

788. Vues des Châteaux, Parcs et Jardins les plus célèbres de l'Angleterre.
>   78 pièces gravées par Canot, Elliot, Vivares, Woollett et autres artistes.
>   Superbes épreuves ayant toutes leurs marges. Fort rares.

789. Vues de Bruxelles et des Flandres. — Vue d'Amsterdam et de Hollande.
>50 pièces dont un certain nombre par R. de Hooghe.
Très belles épreuves.

790. Vue d'une partie du Jardin de Schoenbrunn vers le château de plaisance de S. M. l'Empereur. — Ruine placée dans le Jardin Imp. Roy. de Schoenbrunn. — — La Cascade avec l'Obélisque dans le Jardin Imp. et Roy. de Schoenbrunn.
>4 grandes et belles pièces gravées par Ziegler d'après Janscha.
Très belles épreuves coloriées.

791. Vues de Vienne et de ses environs.
>30 pièces dessinées et gravées par Schultz, Ziegler et Janscha.
Très belles épreuves anciennement coloriées. 25 sont sans marges.

792. Vues d'Augsbourg. — Berlin. — Heidelberg. — Munster. — Prague. — Wurzbourg et autres villes d'Allemagne.
>70 pièces.

793. Perspective de la Place de la Grande-Garde à Dresde. Grande eau-forte en largeur, gravée par Bellotto, dit Canaletto.
Très belle épreuve.

794. Vues d'Espagne et Portugal.
>21 pièces.

795. Vue de l'Intérieur de Saint-Pierre de Rome. — Vues de Venise.
>11 pièces par et d'après Vasi et Canaletti.

796. Vues de Rome. — Naples. — Venise et autres villes d'Italie.
>200 pièces gravées et dessinées.

797. Vues de Rome. — Florence. — Naples. — Venise et autres villes d'Italie. — Représentation de différentes fêtes données dans ces villes. — Courses de taureaux données à Madrid.
>65 pièces.

798. Représentation exacte des édifices et du jardin qui se trouvent dans une des maisons de plaisance nommée

Saïlo Kouskowa, appartenant à Son Excellence Mᵍʳ le Comte Pierre Borisowitz de Cheremettoff.
> 12 grandes planches gravées par P. Laurent, de Marseille. Très belles épreuves avec marges. Fort rares.

799. Vues de Suisse. 8 pièces.
> Très belles épreuves imprimées en couleurs et coloriées.

800. Dessins et décorations de jardins.
> 100 pièces.

801. Vues pittoresques prises dans toutes les parties du monde.
> 63 chromos fac-simile d'après les aquarelles de Hildebrand.

WALTNER (C.)

802. Liseuse. — Tête de femme.
> 5 très belles épreuves d'artiste et d'état, signées.

WATTEAU (D'après A.)

803. L'Embarquement pour Cythère, par Tardieu.
> Très belle épreuve.

804. La Mariée du village, par C. N. Cochin.
> Très belle épreuve.

805. L'Amour au Théâtre Italien, par C. N. Cochin.
> Très belle épreuve.

806. Louis XIV mettant le cordon bleu à Monsieur de Bourgogne, par N. de Larmessin.
> Très belle épreuve. Marge.

807. Les Champs-Élysées, par M. Tardieu.
> Très belle épreuve.

808. L'Enchanteur. — L'Aventurière.
> 2 charmantes pièces, gravées par B. Audran, tirées sur la même feuille.
> Très belles épreuves. Toute marge.

809. Diane au bain, par Aveline.
> Très belle épreuve. Toute marge.

WESTALL (D'après R.)

810. *Venus and Cupids,* par R. M. Meadow.
   Très belle épreuve imprimée en bistre.

WHEATLEY (D'après F.)

811. *A lover's Anger,* par P. Simon.
   Très belle et rare épreuve, tirée en bistre, avec les inscriptions à la pointe.

812. *Saint Preux and Julia,* par R. Pollard.
   Très belle épreuve.

WIGSTEAD (D'après)

813. *The Bachelor. — The Married man.* 2 pièces faisant pendants, gravées par Alken, 1786.
   Très belles épreuves en couleurs.

WILLE fils (D'après P. A.)

814. Dédicace du poème épique. — L'Essai du corset. 2 pièces, faisant pendants, gravées par Dennel.
   Très belles épreuves avant toutes lettres. Marges.

815. Dédicace d'un poème épique, par Dennel.
   Très belle épreuve. Toute marge.

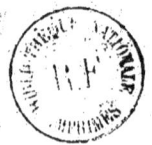

IMPRIMÉ
PAR
PHILIPPE RENOUARD
19, rue des Saints-Pères
PARIS

www.ingramcontent.com/pod-product-compliance
Lightning Source LLC
Chambersburg PA
CBHW070151230526
45471CB00002B/622